MANUEL

D'AUDIENCE CORRECTIONNELLE

ou

TRAITÉ THÉORIQUE ET PRATIQUE

DE LA

PROCÉDURE CRIMINELLE DEVANT LES TRIBUNAUX CORRECTIONNELS

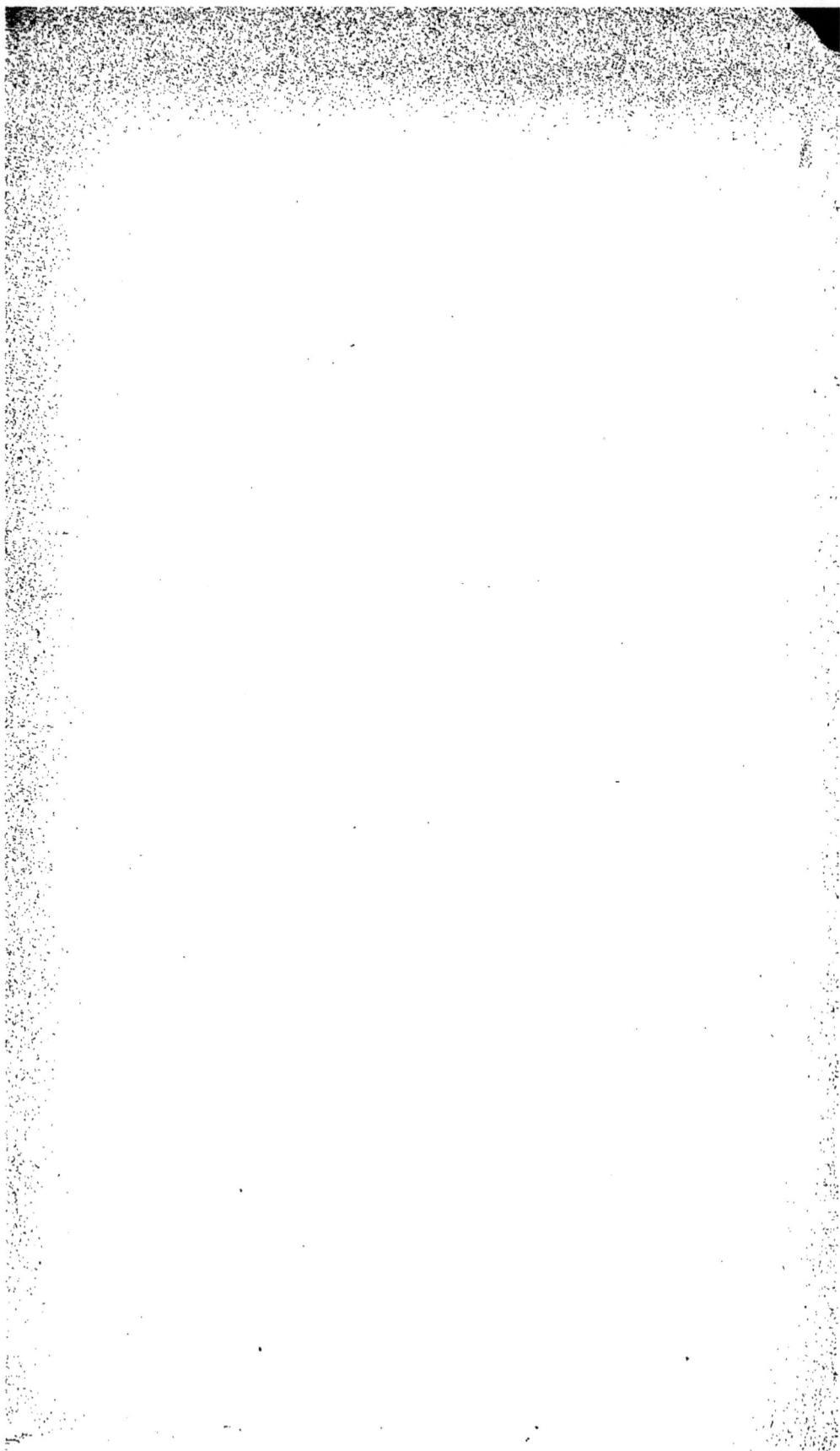

MANUEL

D'AUDIENCE CORRECTIONNELLE

OU

TRAITÉ THÉORIQUE ET PRATIQUE

DE LA

PROCÉDURE CRIMINELLE DEVANT LES TRIBUNAUX CORRECTIONNELS

A L'USAGE

**des Magistrats du Siège et du Parquet
des Avocats, des Officiers ministériels et des Hommes d'affaires**

PAR

M. Odilon BOLE

Juge au Tribunal civil de Guéret.

PARIS

IMPRIMERIE ET LIBRAIRIE GÉNÉRALE DE JURISPRUDENCE

MARCHAL ET BILLARD, Imprimeurs-Éditeurs

LIBRAIRES DE LA COUR DE CASSATION

Place Dauphine, 27.

—

1888

MANUEL

DE

L'AUDIENCE CORRECTIONNELLE

Absolution

1. *L'absolution est un mode de relaxation que la loi attribue aux cours d'assises.*

2. Elle diffère essentiellement de l'acquittement. Celui-ci démontre l'innocence d'un accusé ; celle-là établit, au contraire, que le fait qui a motivé la poursuite existe réellement, mais ne peut être puni.

3. Il y a lieu à absolution toutes les fois que le fait poursuivi, dont l'existence est reconnue, n'est pas défendu par une loi pénale : art. 364 du Code d'instruction criminelle : « **La Cour prononcera l'absolution de l'accusé, si le fait dont il est déclaré coupable n'est pas défendu par une loi pénale,** » ou si la loi pénale ne peut pas être appliquée, par suite, par exemple, de la prescription, de la chose jugée, de l'amnistie, de l'état de démence de l'accusé.

4. Ces principes s'appliquent incontestablement à toutes les matières criminelles (assises, police correctionnelle, simple police). Néanmoins, on ne se sert, dans la pratique, du mot absolution que dans les affaires qui relèvent de la cour d'assises. Devant toutes les autres juridictions, on se borne à *renvoyer* le prévenu de la poursuite dirigée contre lui. (Voir notamment articles 159, 191 et 213 du Code d'instruction criminelle).

5. Le mot absolution serait employé avec plus de raison que le mot

acquittement, lorsque le tribunal a, conformément à l'art. 66 du Code
pénal, déclaré qu'un mineur de 16 ans a agi sans discernement.

Abstention

1. *L'abstention est le fait spontané du juge qui reconnaît que les conditions d'impartialité lui manquent pour statuer sur une affaire déterminée*
Elle ne saurait être confondue avec la récusation, qui est *le fait du plai-
deur* refusant pour juge de la contestation celui qui est appelé à en connaître.

2. Il en résulte que les parties n'ont pas le droit de requérir l'abstention
d'un juge.

3. Celui-ci a la faculté de s'abstenir pour d'autres causes que celles
qui peuvent motiver sa récusation (Cass. 2 juin 1832). Mais il n'est pas
tenu de s'abstenir par cela seul qu'il est dans le cas d'être récusé. Il n'y a
aucune corrélation entre ces deux situations.

4. Généralement, il est admis qu'un juge a la faculté de s'abstenir sans
déclarer à ses collègues quelles sont les causes de son déport. On res-
pecte ses scrupules.

5. Les formes prescrites pour la récusation ne sont pas exigées pour
l'abstention volontaire du juge. En conséquence, il n'est pas nécessaire
qu'un jugement ou un procès-verbal constate les motifs de l'abstention
et leur admission par le tribunal. Il suffit de mentionner le déport lui-
même dans le jugement. (Cass., 2 juin 1832. — Dalloz, nos 169, 175).

6. Le tribunal, du reste, a le droit de rejeter une abstention (Toulouse, 5 janvier 1835), et le magistrat a le devoir de s'en rapporter à la
décision de ses collègues qui, seuls, ont une liberté d'esprit suffisante pour
apprécier s'il n'y a pas dans le motif du déport un scrupule exagéré : « Le
magistrat, investi d'un mandat public, n'étant pas le maître de s'affranchir,
à son gré, des obligations que la loi et ses fonctions lui imposent ; « Cassation, 17 août 1839 ».

7. Par cela même que l'abstention d'un juge n'est pas soumise à des
formes rigoureuses, la décision de la chambre, portant qu'il y a lieu à
abstention, ne doit pas être notifiée, ni communiquée aux parties. Elle
n'est pas, non plus, susceptible d'appel.

8. Les lois d'instruction criminelle ne contiennent aucune règle pour
le cas où un juge croirait devoir s'abstenir.

Seul, le code de procédure civile dispose, art. 380 : « **Tout juge qui saura
cause de récusation en sa personne sera tenu de le déclarer à la chambre qui
décidera s'il doit s'abstenir.** »

9. Ce sont les membres de la chambre à laquelle appartient le juge qui décident, en chambre du conseil, si la cause d'abstention est légitime.

10. Dans le cas où plusieurs magistrats déclarent s'abstenir, la chambre doit statuer à l'égard de chacun d'eux.

11. Lorsque les membres d'un tribunal correctionnel, sauf un, se trouvent dans la nécessité de s'abstenir de prendre part au jugement d'une affaire, il y a impossibilité pour le tribunal de se composer. Il faut, dès lors, renvoyer la connaissance de l'affaire devant un autre tribunal.

12. Dans ce cas, la cour de cassation, seule, doit désigner le tribunal de renvoi (Cassation, 22 novembre 1867), comme au cas de suspicion légitime.

Acquiescement.

1. *L'acquiescement est le consentement donné à faire une chose à laquelle on n'était pas obligé, ou à exécuter un acte ou un jugement auquel on aurait pu s'opposer.*

Ce mot est employé plus particulièrement pour désigner l'adhésion expresse ou tacite à un jugement ou à un acte judiciaire. (Dalloz).

2. A proprement parler, l'acquiescement n'existe pas en matière criminelle ; il n'y a que des déchéances résultant du silence des parties et de l'expiration des délais accordés pour l'exercice des droits ouverts.

3. Dans cette matière, tout est à créer, dit Dalloz ; à part quelques dispositions relatives aux délais, au silence ou au défaut d'opposition à certains actes, dispositions qui emportent déchéance contre celui qui n'a pas exercé un droit ou formé une déclaration dans un certain temps, la loi criminelle est muette pour tout ce qui touche à l'acquiescement.

4. Aussi, ses conditions et ses effets n'étant nullement déterminés par la loi, sont-ils difficiles à reconnaître et à préciser. La doctrine est muette et la jurisprudence n'offre que des décisions d'espèce qui se heurtent souvent.

5. L'acquiescement et même l'exécution du jugement ne font pas obstacle à l'exercice du droit d'appel, de la part du Ministère public ; c'est un principe reconnu par une jurisprudence constante.

6. Sans doute, lorsque l'officier du Ministère public a restreint son appel à certains chefs du jugement, cette limitation emporte, de droit, acquiescement aux autres chefs du jugement (Cass., 27 mars 1812, — 25 juin 1812). Mais il y a là plutôt abandon d'un droit que véritable acquiescement.

7. De son côté, le condamné ne peut pas acquiescer au jugement qui prononce des peines contre lui.

8. C'est par suite de ce principe qu'il a été décidé, après quelques hésitations (Cass., 6 mai 1826, — 5 novembre 1829), que le paiement de l'amende et des frais ne saurait comporter acquiescement à un jugement de condamnation (Cass., 24 février 1862), pas plus que l'exécution volontaire d'une peine d'emprisonnement (Cass., 10 juin 1886).

9. De même, l'illégalité d'une arrestation et d'une perquisition, opérées hors des cas où la loi les autorise, n'est pas couverte par l'acquiescement de la personne qui en est l'objet.

10. Ne serait pas, non plus, couverte par l'acquiescement du condamné, la nullité résultant de l'omission de certaines formes de procédure essentielles (Cass., 2 décembre 1869).

11. L'acquiescement à un jugement par défaut n'empêche pas le condamné d'y former opposition ou d'en interjeter appel, s'il est encore dans les délais. A plus forte raison, l'acquiescement ne saurait avoir pour effet de faire acquérir au jugement l'autorité de la chose jugée, rétroactivement à partir de sa date. (Circulaire ministérielle du 6 octobre 1876).

12. La partie civile, elle, est libre d'acquiescer aux décisions des tribunaux répressifs.

13. Il en est ainsi également pour les administrations qui concourent à l'action publique. Celles-ci peuvent acquiescer aux moyens de défense du prévenu, tout aussi bien qu'au jugement.

14. Mais l'acquiescement, soit de la partie civile, soit des administrations publiques, ne lie pas le Ministère public et inversement.

Acquittement (renvoi de la plainte)

1. Le mot s'applique plus spécialement aux matières criminelles. Néanmoins, la loi l'emploie dans quelques articles qui concernent le tribunal de police correctionnelle. Il est adopté, dans le langage courant, comme synonyme de « renvoi ».

Art. 191 inst. crim. « Si le fait n'est réputé ni délit, ni contravention de police, le tribunal annulera l'instruction, la citation et tout ce qui aura suivi, renverra le prévenu... »

2. Le jugement qui prononce le renvoi doit être motivé, en ce sens qu'il doit faire connaître la cause déterminante de cette décision et ne point se borner à déclarer que « la poursuite n'est pas justifiée ». (Cass. 3 juillet 1863).

3. Il peut être rendu contradictoirement ou par défaut.

4. Dans tous es cas, il doit être pur et simple, c'est-à-dire ne contenir aucune injonction contre l'acquitté.

5. Cependant, bien qu'il y ait acquittement, la confiscation des objets saisis peut être prononcée en matière de douanes, de contributions indirectes, de garantie de matières d'or et d'argent et de vente de denrées alimentaires falsifiées ou corrompues.

6. Il est aussi des cas où le prévenu acquitté doit être condamné aux dépens :

I. Si, étant mineur, il est acquitté pour avoir agi sans discernement (Cass. 22 juin 1855);

II. Si l'acquittement est basé uniquement sur ce que la prescription est acquise ;

III. Acquitté sur son opposition, il doit être condamné aux frais antérieurs à son opposition seulement ;

7. L'art. 206 du code d'instruction criminelle, modifié par la loi du 14 juillet 1865, dispose que « **le prévenu, en cas d'acquittement, sera immédiatement, et nonobstant appel, mis en liberté** ».

8. La mise en liberté doit être immédiate, à moins que l'acquitté ne soit retenu pour autre cause.

9. Le prévenu, renvoyé des fins de la poursuite, a le droit de saisir le tribunal d'une demande en dommages-intérêts :

Art. 191 int. crim. « ..... le tribunal..... statuera sur les demandes en dommages-intérêts ».

10. Ce n'est là qu'une faculté ; le prévenu acquitté est absolument libre de porter sa demande devant la juridiction civile ;

11. De même, l'adjudication de dommages-intérêts n'est pas obligatoire après un jugement de renvoi.

12. Le tribunal doit toujours rechercher si la partie plaignante a intenté une poursuite injuste, vexatoire; si elle a agi de mauvaise foi.

13. Mais les tribunaux correctionnels ne peuvent pas allouer des dommages-intérêts à la partie civile, après avoir prononcé l'acquittement du prévenu, quelle que soit la cause de leur décision. Ils ne peuvent pas, non plus, ordonner des restitutions en sa faveur.

14. En cas d'acquittement, le prévenu ne peut plus être repris à raison du même fait. Art. 360 inst. crim. « **Toute personne acquittée légalement ne pourra plus être reprise ni accusée à raison du même fait.** » (V° chose jugée).

15. L'acquittement de l'auteur principal n'est pas, en principe, un obstacle aux poursuites contre les complices ou les coauteurs.

16. Il n'est pas inutile de rappeler que le renvoi d'un avocat, d'un officier public ou ministériel des poursuites criminelles dirigées contre lui, ne s'oppose pas à ce que le même fait soit soumis à la juridiction disciplinaire.

Action civile

Cet article se confond, en partie, avec celui qui traite des « parties civiles » voir le développement donné à ce mot).

1. *L'action civile est celle qui appartient à tout individu qui a souffert d'un dommage par suite d'un fait puni par la loi : son objet est la réparation du préjudice causé par ce fait à des intérêts privés.* (Mangin t. 1. n° 1).

2. La réparation du préjudice peut être demandée, soit devant la juridiction civile, soit devant la juridiction criminelle.

3. Elle diffère de l'action publique par le but même qu'elle se propose; c'est ainsi qu'elle ne concerne que des intérêts privés, tandis que l'autre a trait à l'ordre public.

4. Il suit de là, que ces deux actions sont indépendantes l'une de l'autre ; que le prévenu, par exemple, ne pourrait pas, sur les poursuites du ministère public, demander l'intervention de la partie plaignante, pour faire statuer, par un seul et même jugement, sur l'action publique et sur l'action civile.

5. Mais l'action civile peut être exercée simultanément avec l'action publique et devant les mêmes juges.

6. De l'indépendance de ces deux actions il résulte que l'une peut être éteinte, tandis que l'autre est encore discutée.

7. C'est ainsi que l'appel seul du Ministère Public ne saurait faire revivre devant les juges du second degré l'examen de la situation spéciale débattue en première instance entre la partie civile et le prévenu. Il s'ensuit, qu'un prévenu, acquitté en appel, laissera subsister les condamnations pécuniaires prononcées contre lui au profit de la partie civile par les juges du premier degré, s'il n'a pas interjeté appel contre cette dernière.

8. L'option qu'a la partie civile de porter son action devant la juridiction criminelle n'est pas absolue. Elle ne peut se produire que lorsque la juridiction criminelle est saisie en même temps de l'action publique, et aussi lorsque l'action civile n'a pas été précédemment soumise à la juridiction civile.

9. Mais il convient de faire remarquer, qu'il n'est pas nécessaire que la juridiction criminelle soit saisie par le ministère public ; l'art. 182 du code d'inst. crim. dispose, en effet, que : « **le tribunal sera saisi, en matière correctionnelle, de la connaissance des délits de sa compétence, soit......, soit par la citation donnée directement au prévenu et aux personnes civilement responsables du délit par la partie civile......** »

10 Dans ce cas, le tribunal doit apprécier, même au point de vue de la répression, les faits qui lui sont déférés, le ministère public ne prendrait-il aucune réquisition.

11. Lorsque l'action civile est portée devant la juridiction civile, elle est tenue en suspens jusqu'à ce qu'une décision définitive intervienne devant le tribunal répressif, à la condition, bien entendu, que cette dernière juridiction soit réellement saisie.

12. Mais il importerait peu que l'action publique ait été intentée à une date antérieure ou postérieure à celle de l'introduction de l'action civile.

13. Celle-ci reprendra son libre cours dès qu'une décision quelconque dessaisira la juridiction criminelle.

14. Si l'action civile a été exercée en même temps que l'action publique, la décision définitive rendue par la juridiction répressive ne permet plus à la partie civile de porter une action nouvelle devant les tribunaux civils.

15. Dans le cas où l'action civile n'a été soumise à la juridiction civile qu'après la décision de la juridiction répressive, la juridiction civile est libre de statuer, à la condition toutefois de ne pas méconnaître ce qui a été jugé au criminel.

16. Cette règle est tracée par un arrêt de Cassation du 20 avril 1863 : « L'acquittement prononcé par la justice criminelle ne peut faire obstacle, qu'autant que le jugement criminel aurait nié clairement le fait qui est la base commune de l'une et de l'autre action, et que la demande à fins civiles serait absolument inconciliable avec les déclarations, constatations et décisions du juge criminel..... »

17. C'est ainsi que l'individu renvoyé d'une prévention d'escroquerie, peut être condamné par le tribunal civil à indemniser la partie qui a été lésée par son délit civil, dol ou fraude (Riom : 30 janv. 1883. — Cass. 4 avril 1885). — De même, le prévenu, acquitté sur une prévention de vol, de blessures par imprudence, peut être considéré par la juridiction civile comme ayant commis un quasi-délit. (Cass. 13 juillet 1874. — 1er avril 1864).

18. L'amnistie n'éteint pas l'action civile. — Les pouvoirs publics, en effet, ne sauraient, par des actes de clémence, nuire aux intérêts des tiers.

19. La jurisprudence est unanime sur ce point, et, dans un arrêt du 19 mai 1845, la cour de Cassation déclare que l'amnistie ne porte pas atteinte aux droits des parties lésées en réparation du dommage réclamé par voie d'action civile.

20. Au surplus, les lois d'amnistie contiennent, en général, des dispositions qui réservent expressément l'exercice des actions civiles. Les principes, indiqués aux deux numéros précédents, s'appliquent au cas du silence de la loi sur ce point.

21. La mort du prévenu est sans influence sur le sort de l'action civile.

22. L'art. 2 du Code d'inst. crim. § 2, est formel : **« L'action civile pour la réparation du dommage peut être exercée contre le prévenu et contre ses représentants ».**

23. A la différence de l'action publique, l'action civile peut être exercée contre les héritiers du prévenu décédé. Mais cette action ne peut, bien entendu, être formée que devant les tribunaux civils.

24. Cependant des auteurs estiment que les tribunaux de répression sont compétents pour statuer sur les dommages réclamés par voie d'action civile, lorsque celle-ci était introduite devant eux, avant le décès du prévenu, décédé en cours d'instance. (Mangin).

25. Mais, contrairement à cette opinion, il a été décidé que le décès du prévenu, ayant pour effet, aux termes de l'art. 2 du Code d'inst. crim., d'éteindre l'action publique, la juridiction correctionnelle ne saurait plus, à aucun titre, connaître de l'action civile (Cour de Paris : 12 mai 1887).

26. Nous allons rapidement passer en revue les causes diverses qui éteignent l'action civile ;

27. 1° Transaction, désistement:

La partie civile peut renoncer à son action, transiger, s'en désister lorsqu'elle l'a formée.

28. Son désistement peut porter, en tout état de cause, sur tout ou partie de sa demande, et être formé même à l'audience : et ce désistement produit immédiatement son effet en ce qui la concerne.

29. Cependant, en matière de faux, les transactions des parties sont soumises à une condition prescrite par l'art. 249 du code de procédure civile : « **Aucune transaction sur une poursuite en faux incident ne pourra être exécutée, si elle n'a été homologuée en justice, après avoir été communiquée au ministère public, lequel pourra faire à ce sujet telles réquisitions qu'il jugera à propos** ».

30. Aucune forme spéciale n'est prescrite pour le désistement. Il doit, cependant, être signifié au ministère public et au prévenu, dans le cas où la poursuite a été commencée, sinon la partie civile doit être condamnée à tous les frais faits ultérieurement (Cass. décembre 1886).

31. Mais les parties civiles ne peuvent *valablement*, aux termes de l'art. 67, « **se désister après le jugement, quoique le désistement ait été donné dans les vingt-quatre heures de leur déclaration qu'elles se portent parties civiles** ».

32. 2° Prescription :

Art. 2 du code d'inst. crim. « ... **L'action civile s'éteint par la prescription...** ». Cette prescription est de même durée que celle de l'action publique, alors même que l'action civile aurait été portée devant la juridiction civile.

(Voir V° prescription).

33. 3° Chose jugée :

L'exception de la chose jugée est une cause d'extinction de l'action civile. — Cette action, déjà repoussée par le juge civil, ne peut évidemment plus être jugée devant la juridiction criminelle.

(Voir V° Chose jugée).

34. L'action civile, en matière de presse, peut toujours être portée devant la juridiction correctionnelle avec l'action publique ; mais elle peut aussi être exercée séparément, conformément à l'art. 3 du Code d'inst. crim.

35. L'art. 46 de la loi du 29 juillet 1881 contient cependant une exception à cette règle : l'action civile, résultant des délits de diffamation, dans le cas où la preuve des faits diffamatoires est autorisée, ne peut être poursuivie séparément de l'action publique, sauf dans le cas de décès de l'auteur du fait incriminé, ou d'amnistie.

Cette disposition a pour but d'empêcher que les corps constitués, les fonctionnaires publics et les autres personnes, à l'égard desquelles la preuve est admise, dans un intérêt public, ne cherchent à s'y soustraire, en substituant aux poursuites criminelles dans lesquelles cette preuve devrait être administrée, une simple demande en dommages-intérêts devant les tribunaux civils.

Action publique

(Voir V° ministère public).

1. *L'action publique est celle qui appartient à la société pour la poursuite et la répression des atteintes portées à l'ordre social.*

2. Son objet est l'application des peines. C'est donc, — à part quelques rares exceptions, — aux tribunaux répressifs seuls, qu'il appartient de connaître de l'action publique. Elle n'est exercée que par les magistrats institués à cet effet, c'est-à-dire par les membres du ministère public.

3. Le principe primordial de cette action, c'est qu'elle est indépendante de l'action que la partie lésée peut exercer au point de vue de ses intérêts privés. — Cette indépendance est absolue et « la renonciation à l'action civile ne peut ni arrêter, ni suspendre l'exercice de l'action publique. » (Cass. 2 août 1821, B. C.).

4. De même, l'action publique ne doit jamais être entravée. C'est ce qui fait que le criminel tient toujours le civil en état, à la condition cependant que les deux actions concernent le même fait et que l'action publique ait été intentée avant ou pendant le procès civil.

5. Peu importe, à cet égard, que les deux juridictions soient saisies à des fins différentes, puisque, par suite de l'identité des faits, la décision d'une juridiction exercera forcément une influence certaine sur la décision de l'autre ;

Art. 3 inst. crim. : « **L'action civile..... peut être poursuivie séparément de l'action publique ; dans ce cas, l'exercice en est suspendu tant qu'il n'a pas été prononcé définitivement sur l'action publique intentée avant ou pendant la poursuite de l'action civile . »**

6. L'action publique s'exerce pour toutes les infractions, et elle atteint tous ceux qui commettent, en France, des faits tombant sous l'application des lois pénales. Les étrangers habitant le territoire y sont soumis comme les nationaux.

7. Cette action atteint également le Français qui commet, hors du territoire français, un délit prévu par les lois de son pays, à la condition toutefois que ce fait soit puni par la législation du pays où il a été commis :

Art. 5 inst. crim. « ..... **Tout Français qui, hors du territoire de France, s'est rendu coupable d'un fait qualifié délit par la loi française, peut être poursuivi et jugé en France, si le fait est puni par la législation du pays où il a été commis. — Toutefois, qu'il s'agisse d'un crime ou d'un délit, aucune poursuite n'a lieu si l'inculpé prouve qu'il a été jugé définitivement à l'étranger...** »

8. Le ministère public est libre de mettre l'action publique en mouvement, soit d'office, soit lorsqu'il est saisi par une plainte. Les art. 47, 60, 70 du code d'instruction criminelle ne lui imposent aucune obligation à cet égard.

9. Mais, dans certains cas, limitativement déterminés par la loi, l'action publique est subordonnée à la plainte de la partie civile.

10. Il en est ainsi :

1° En cas d'adultère.

Art. 336 du Code pénal : « **L'adultère de la femme ne pourra être dénoncé que par le mari.....** »

11. Il convient de remarquer que, contrairement au principe qui veut qu'une fois mise en mouvement l'action publique s'exerce sans entrave, la loi décide, en cette matière, que le désistement du mari dessaisit le ministère public.

12. 2° En cas d'enlèvement de mineurs ;

Art. 357 du Code pénal : « **Dans le cas où le ravisseur aurait épousé la fille qu'il a enlevée, il ne pourra être poursuivi que sur la plainte des personnes qui, d'après le code civil, ont le droit de demander la nullité du mariage, ni condamné qu'après que la nullité du mariage aura été prononcée** ».

13. 3° En cas de fraude de fournisseurs ;

Art. 433 du code pénal ; « ...... **dans les divers cas prévus par cet article, la poursuite ne pourra être faite que sur la dénonciation du Gouvernement** ».

14. 4° En matière de chasse sur le terrain d'autrui ;

Art. 26 de la loi du 3 mai 1884 : « ..... **dans le cas de chasse sur le terrain d'autrui sans le consentement du propriétaire, la poursuite d'office ne pourra être exercée par le ministère public, sans une plainte de la partie intéressée.....** »

15. Équivaut à une plainte du propriétaire, la remise faite au parquet d'un procès verbal dressé par un garde particulier.

16. 5° En matière de pêche sur le terrain d'autrui ;

Art. 67 de la loi du 15 avril 1829 : « **Les poursuites et actions seront exercées au nom et à la diligence des parties intéressées** ».

17. 6° En cas de crimes ou délits commis en pays étranger ;

Art. 5, § 3, du code pénal : « ..... **Qu'il s'agisse d'un crime ou d'un délit, aucune poursuite n'a lieu si l'inculpé prouve qu'il a été jugé définitivement à l'étranger.....** »

18. 7° En matière de diffamation, d'outrages, d'injures ;

Art. 60 de la loi 29 juillet 1881 : « ..... Dans le cas de diffamation ou d'injures envers les particuliers... la poursuite n'aura lieu que sur la plainte de la partie diffamée ou injuriée..... »

19. 8° En cas de contrefaçon ;

Art. 45 de la loi du 5 juillet 1844 : « **L'action correctionnelle**, pour l'application des peines édictées par cette loi, ne pourra être exercée par le ministère public que sur la plainte de la partie lésée. »

20. L'action publique est aussi enrayée, à l'égard de certaines personnes, par suite de leur qualité.

21. Sans nous occuper de la situation particulière du chef de l'Etat et des ministres, ce qui sortirait du cadre de ce travail, nous nous bornerons à indiquer qu'aux termes de l'art. 14 de la loi constitutionnelle du 16 juillet 1875, « aucun membre de l'une ou de l'autre chambre ne peut, pendant la durée de la session, être poursuivi ou arrêté en matière criminelle ou correctionnelle qu'avec l'autorisation de la chambre dont il fait partie, sauf le cas de flagrant délit. — La détention ou la poursuite d'un membre de l'une ou de l'autre chambre est suspendue pendant la session et pour toute sa durée, si la chambre le requiert. »

22. Cette garantie constitutionnelle n'existe que du jour où la validité de l'élection a été prononcée et non du jour de l'élection.

23. Dans le cas où un membre du parlement aurait été, au cours de la session, assigné sans autorisation préalable, le tribunal devrait prononcer la nullité de cette citation (Cass. 5 août 1882. B. C.).

24. Une nouvelle entrave à l'exercice de l'action publique est apportée par l'art. 479 du code d'instruction criminelle : « Lorsqu'un juge de paix, un membre du tribunal correctionnel ou de 1er instance, ou un officier chargé du ministère public près l'un de ces tribunaux, sera prévenu d'avoir commis hors de ses fonctions un délit emportant une peine correctionnelle, le Procureur Général près la Cour d'appel le fera citer devant cette Cour qui prononcera sans qu'il puisse y avoir appel ».

25. Enfin, dans les poursuites exercées contre les ecclésiastiques, on se demande encore si l'action publique peut être mise en mouvement, (pour les faits qui constituent à la fois des abus et des délits) sans autorisation du conseil d'Etat. Cette question est controversée. Le tribunal des conflits ne l'a pas résolue.

26. Mais la cour de cassation décide que le ministère public peut poursuivre directement l'ecclésiastique, sans le secours du conseil d'Etat, soit pour des délits communs, soit pour des faits qui constituent à la fois des abus et des infractions aux lois pénales.

27. Au mot « questions préjudicielles » nous verrons de nouvelles causes de suspension de l'action publique. Il est inutile d'en parler ici.

28. L'action publique s'éteint :

1° Par le décès du prévenu :

Art. 2. inst. crim. § 1er : « L'action publique, pour l'application de la peine, s'éteint par la mort du prévenu .... »

29. Aucune condamnation ne peut intervenir postérieurement au décès du prévenu, pas plus au point de vue des frais qu'au point de vue des amendes fiscales. Cette dernière affirmation est toutefois vivement controversée.

30. Mais le décès n'éteint pas l'action publique pour la confiscation des objets saisis.

31. 2° Par la chose jugée.

32. 3° Par l'amnistie.

33. 4° Par la prescription.

34. 5° Enfin, dans certains cas, par la transaction ou le désistement qui peut intervenir en matière de douanes, de contributions indirectes, de forêts.

Affichage

1. L'impression et l'affiche des jugements, de même que l'insertion dans les journaux, ne sont pas classées au nombre des peines. Elles sont considérées comme la réparation du scandale causé par la partie condamnée.

2. Elles ne peuvent être ordonnées, soit d'office, soit sur les réquisitions du ministère public, que dans le cas où elles sont autorisées par une loi spéciale.

3. Les tribunaux correctionnels sont en droit d'ordonner l'affichage de leurs jugements, notamment dans les matières suivantes :

1° Contravention à la marque des matières d'or et d'argent ; Loi du 19 brumaire, an V.

2° Tromperie sur la nature de toutes marchandises ; art. 423 du Code pénal.

3° Falsification de denrées alimentaires ou médicamenteuses ; tromperie sur la quantité de la chose vendue ; art. 2 de la loi du 27 mars 1851.

4° Délit d'usure ; art. 5 de la loi du 19 mars 1850.

5° Banqueroute ; art. 600 du Code de commerce.

6° Fraude en matière d'engrais ; art. 3 de la loi du 27 juillet 1867.

7° Ivresse ; art. 3 de la loi du 4 février 1873.

4. Des instructions spéciales émanées de la Chancellerie (Circ. des 7 avril, 4 juin 1857, 23 mars 1875), prescrivent au ministère public de requérir, en matière de fraude sur la vente des marchandises, la publicité des condamnations, par voie d'affiches et d'insertion dans les journaux, et de veiller à ce que les frais de publicité soient recouvrés sur le condamné en même temps que les autres frais de justice.

5. Les tribunaux correctionnels peuvent décider, même d'office et sans les réquisitions du ministère public, la suppression d'un mémoire injurieux ou diffamatoire versé au procès.

6. L'affiche et la publication peuvent être prononcées à titre de dommages-intérêts, sur la demande de la partie civile (Cass. 21 mars 1839), dans toutes sortes d'affaires.

7. La loi sur la presse est muette à l'égard de l'affiche des jugements rendus, en cette matière, par les tribunaux correctionnels. Dès lors, dans aucun cas, le ministère public ne peut demander et les tribunaux ne peuvent prononcer, comme peine, l'affiche et l'impression.

8. Mais, les tribunaux répressifs peuvent en cette matière, à titre de réparations civiles au profit des parties, en vertu des articles 1036 du code de procédure civile, 1382 du code civil et 211, 189 et 161 du code d'instruction criminelle, accorder, sur les conclusions du plaignant, le droit d'afficher la décision et de l'imprimer (Fabreguettes).

Affirmation des Procès-verbaux

1. *L'affirmation est le serment prêté par l'officier public sur la sincérité de son procès-verbal.*

Sont assujettis à cette formalité :

2. *Devant le juge de paix ou son suppléant*, les procès-verbaux :

Des préposés de l'octroi (loi du 27 frim. an VII, art. 8. — Décret du 18 août 1810).

Des préposés des contributions indirectes. **Décrets du 1ᵉʳ Germinal, an XII, t. VI, art. 25 — du 18 août 1810.**

Des agents spéciaux de la compagnie des allumettes chimiques. **Loi du 25 mars 1875, art. 5.**

Des préposés des douanes. **Loi du 9 floréal, an VII, tit. IV. Art. 10.**

3. *Devant le juge de paix ou un de ses suppléants ou devant le maire* (à leur défaut), les procès-verbaux :

Des portiers-consignes des places fortes. **Décret du 16 septembre 1811. art. 19.**

4. *Devant le juge de paix ou devant le maire*, les procès verbaux :

Des gardes pêche, **loi du 15 avril 1829, art. 44.**

Des gardes forestiers, **art. 165, Code Forestier.**

Des gardes champêtres et forestiers. **Loi 28 florial, an X, art. II.**

Des agents assermentés préposés à la surveillance des télégraphes. **Décret 10 décembre 1851, art. II.**

Des conducteurs des ponts et chaussées. **Loi du 21 avril 1810, titre 10, art. 94 et loi du 18 décembre 1811. Tit. IX, art. 112.**

Des cantonniers. **Loi du 21 avril 1810, titre 10, art. 94 et loi du 16 décembre 1811. Tit. IX, art. 112.**

Des agents assermentés des chemins de fer. **Loi du 15 juillet 1845, art. 24.**

Des gardes-mines. **Loi du 14 juillet 1856, tit. II, art. 16.**

Des gardes du génie. **Décret du 23 septembre 1853, tit. VII, art. 40.**

5. *Devant le maire*, les procès verbaux :

Des vérificateurs des poids et mesures, **loi du 17 avril 1839, titre IV, art. 41.**

6. Le procès-verbal est nul, quand l'affirmation est faite devant un magistrat qui n'était pas compétent pour la recevoir (Cassation 20 février 1862).

7. L'acte d'affirmation doit contenir :

1° La mention de la qualité du magistrat qui dresse l'acte.

2° La mention que le rédacteur du procès-verbal s'est présenté devant ce magistrat et a affirmé la sincérité des déclarations qui y sont contenues.

3° La mention que la lecture du procès-verbal a été donnée.

4° Il doit être daté.

5° Il doit être signé par le magistrat qui dresse l'acte et par les rédacteurs du procès-verbal. (Cass. 2 novembre 1863).

8. FORMULE : *Devant nous... Juge de paix du canton de... en notre cabinet, s'est présenté le S^r .., garde... de la commune de..., lequel nous a remis le procès-verbal, sur l'heure de... — Après que nous lui en avons donné lecture, il a affirmé sincères et véritables toutes les constatations qui y sont contenues et a signé avec nous... — Fait à... le...*

9. L'acte d'affirmation doit être fait dans les 24 heures à partir de la clôture du procès-verbal :

En matière de police rurale et de chasse. **Loi du 30 avril 1790, art. 10 et loi du 30 mai 1844, art. 24.**

En matière de douanes. **Loi du 9 floréal, an VII, art. 6,** lorsque le fait constate une contravention de simple police ;

En matière de contravention à la police des places fortes. **Décret du 16 décembre 1811, art. 19.**

10. L'acte d'affirmation doit être fait dans le délai d'un jour :

En matière forestière, **165, code forestier.**

En matière de poids et mesures. **Ord. 17 avril 1839, art. 41.**

En matière de pêche fluviale. **Loi du 15 avril 1829, art. 44.**

11. Le délai est de trois jours, non compris celui où le procès-verbal est dressé :

En matière d'octroi et de contributions indirectes. **Décret du 1er germinal, an XIII, art. 28.**

En matière de douanes, quand le fait est de la compétence des tribunaux correctionnels. **Décret, an XI, art. 6.**

En matière de chemins de fer et télégraphes. **Loi du 11 juillet 1845, art. 24. — Décret du 27 décembre 1851, art. 11.**

En matière de contravention à la police des mines. (**Loi du 21 avril 1810, art. 112**).

12. Dans ces deux derniers cas, la loi n'a pas déterminé le délai, mais la jurisprudence a admis, avec raison, qu'il y avait lieu de fixer le délai le plus long.

13. Il est à remarquer que lorsque le délai expire un jour férié, il n'y a pas lieu de le prolonger. **Loi du 17 thermidor, an VI, art. 2.**

(La nomenclature qui précède a été empruntée au dictionnaire form. de M. Lepoittevin).

14. Sont exempts de l'affirmation les procès-verbaux:

1° Des officiers de police judiciaire, sauf ceux des gardes champêtres et forestiers.

2° Des agents forestiers, gardes généraux et gardes à cheval, autres que les gardes forestiers et sauf le cas où le procès verbal porte saisie. (166 et 167 C. F.)

3° Des sous-officiers de gendarmerie, brigadiers et gendarmes (17 juillet 1856).

4° Des gardes du génie.

5° Des agents-voyers (art. II loi du 21 mai 1836).

6° Des employés des postes.

7° Des agents de la police sanitaire, de la pêche maritime, de la police des ports, auxquels la loi n'a pas formellement imposé cette mesure.

8° Des gardes des rivières (Cass. 23 mars 1838).

9° Des préposés des ponts à bascule ou de l'octroi (Cass. 1er mars 1839).

15. L'affirmation des procès-verbaux n'est nécessaire que lorsqu'elle est formellement exigée par la loi (Cass. 24 mai 1821).

Amende

1. L'amende est définie par Dalloz : *Condamnation pécuniaire que le juge prononce à raison de délits ou à raison de faits et de contraventions purement civils.*

2. Nos lois ont établi des amendes dans presque toutes les matières de droit criminel ;

Art. 9 du Code d'ins. crim. : « **Les peines en matière correctionnelle sont** 1°. . ., 2°. . ., 3° l'amende. »

3. Si l'amende est fixe, les tribunaux n'ont aucune latitude ; ils doivent l'appliquer telle qu'elle a été établie.

4. Si elle a un maximum et un minimum, les juges restent libres de déterminer la quotité, sans pouvoir dépasser les limites fixées par la loi.

5. Si le maximum seul est fixé, l'amende peut être réduite à un franc.

6. Il en est de même si l'amende n'est pas déterminée.

7. Lorsque la loi, fixant le maximum et le minimum de l'amende applicable à une certaine contravention, dispose qu'en cas de récidive, il sera prononcé une amende double, cette dernière doit être calculée sur le maximum de l'amende simple et non sur le taux de celle prononcée lors des dernières poursuites.

8. Lorsque, par suite de l'admission des circonstances atténuantes, amende est substituée à l'emprisonnement qui était seul applicable, les

tribunaux ne peuvent prononcer que le minimum des amendes correctionnelles, c'est-à-dire 16 fr. — Limoges, 11 août 1874, Cass. 9 janv. 1846.
Douai, 19 mai 1858. — Contrà : Poitiers, 18 janvier 1861.

9. En cas de conviction de plusieurs délits ou contraventions, l'amende
qui est édictée, pour des matières spéciales, doit toujours être prononcée conjointement avec la peine appliquée pour un autre délit, sans qu'il
y ait violation de la règle qui défend le cumul des peines.

10. En principe, l'amende ne pèse que sur le délinquant et ne
peut être à la charge des personnes civilement responsables (voir n° 17).

11. Et, comme elle est individuelle, il doit être prononcé autant
d'amendes qu'il y a de co-délinquants.

12. Mais si plusieurs prévenus sont convaincus d'avoir commis en-
semble, en même temps, un délit, les amendes qu'ils ont individuellement
encourues doivent être prononcées contr'eux solidairement, bien que
l'un d'eux ait été condamné à une amende plus élevée.

13. Et il importe peu que, par suite de la solidarité, les amendes
totalisées s'élèvent, pour chacun des co-solidaires, au-dessus du maximum fixé par la loi.

14. Par exception à cette règle, on ne doit, en matière de faux, prononcer qu'une seule amende, encore qu'il y ait plusieurs auteurs ou
complices (164 du C. P.).

15. Mais l'individu, déclaré coupable d'avoir fait usage d'une pièce
fausse, est passible de l'amende prononcée par l'art. 164, aussi bien que
l'auteur du faux (Cass. 8 novembre 1849).

16. L'action en condamnation à l'amende se prescrit par le laps de
temps fixé pour la poursuite du délit ou de la contravention dont l'amende
est une réparation (637 et s. du Code d'inst. crim et lois spéciales). Voir
Prescription.

17. L'amende n'est pas toujours une peine. Dans différentes matières spéciales, elle est considérée comme une simple réparation du préjudice causé. Il en est ainsi :

1° En matière de douanes (Loi des 6-22 août 1792).

2° En matière de contraventions aux lois sur les douanes, commises par
les conducteurs de messageries et voitures publiques (Décret du 1er germinal an II, tit. 3, art. 8).

3° En matière de contributions indirectes (Décret du 1er germinal an
XII, art. 35).

4° En matière forestière (Art. 45, 46, C. P.).

18. Dans ces divers cas, l'amende peut donc être appliquée à des personnes qui ne se sont pas rendues personnellement coupables du délit et
même qui y sont restées étrangères, mais qui, sciemment ou non, ont
favorisé la fraude.

Amnistie

1. *L'amnistie est un acte du pouvoir législatif qui emporte l'abolition des crimes ou des délits auxquels il s'applique.* Loi du 25 février 1875, art. 3, § 2 : « . . . . les amnisties ne peuvent être accordées que par une loi.

2. L'amnistie se base sur l'oubli et, par conséquent, ne peut s'appliquer qu'à des faits passés.

3. Elle concerne les faits eux-mêmes, indépendamment de toute personne, prévenue ou inculpée. Dès lors, les complices en profitent, aussi bien que les auteurs principaux.

4. Elle leur profite, même malgré leur volonté. C'est ainsi que des prévenus ne peuvent pas renoncer à s'en prévaloir, en prétendant, par exemple, qu'ils désirent faire proclamer leur innocence. Il y a là une mesure politique d'ordre supérieur, qui doit être rigoureusement appliquée. (Cass. 10 juin 1831).

5. Elle ne s'étend qu'aux faits spécialement prévus ; mais elle doit comprendre tous les faits accessoires qui ne constituent pas des infractions distinctes.

6. Les auteurs sont unanimes à reconnaître aux tribunaux, le droit d'apprécier si l'amnistie est applicable au prévenu qui veut s'en prévaloir.

7. L'action publique ne saurait jamais être exercée pour des faits compris dans l'amnistie ; mais il faut aller plus loin, et décider que toute poursuite entamée doit être abandonnée, dès que l'amnistie est proclamée.

8. De ce double principe, il résulte que si une peine était prononcée pour un fait amnistié, elle serait sans force et le jugement ne pourrait recevoir aucune exécution.

9. On retrouve cette même idée dans une circulaire de la chancellerie en date du 25 novembre 1871 : « Le fait amnistié, dit-elle, ne doit plus être relevé contre celui qui s'en est rendu coupable ; il ne peut être pour lui d'aucune conséquence dans l'avenir. » Dès lors, les condamnations non exécutées, par suite d'amnistie, ne doivent pas être portées sur les extraits des casiers judiciaires.

10. Les règles que nous venons de développer sur l'amnistie ne s'appliquent pas à l'action civile qu'elles ne sauraient atteindre. (Voir V° action civile, n°ˢ 15, 16, 17, 31).

Appel des jugements de simple police.

1. *L'appel est une voie de recours, commune aux jugements des tribunaux correctionnels et à ceux des tribunaux de simple police.*

2. L'individu, condamné par défaut, peut interjeter appel, sans recourir, au préalable, à la voie de l'opposition.

3. Aux termes de l'art. 9 du décret du 18 août 1810 et aux termes de l'art 174 du code d'inst. crim. : « **L'appel des jugements de simple police sera porté au tribunal correctionnel. Cet appel sera interjeté dans les dix jours de la signification de la sentence à personne ou domicile.** »

4. La signification du jugement est nécessaire pour faire courir le délai d'appel, en matière de simple police, qu'il s'agisse de jugement contradictoire ou par défaut. En l'absence de signification, le droit d'appel reste ouvert, et l'acquiescement, par exécution ou autrement, pendant le délai du recours, n'emporte pas la déchéance de ce droit (Cass. 21 août 1884).

5. Le délai de l'appel court à partir de la signification du jugement ; mais il peut être interjeté avant toute signification ;

6. L'art. 172 du code d'inst. crim. est ainsi conçu :
« **Les jugements de simple police pourront être attaqués par la voie de l'appel, lorsqu'ils prononceront un emprisonnement ou lorsque les amendes, restitutions ou autres réparations civiles excéderont la somme de cinq francs, outre les dépens.** »

7. Dans aucun cas, le ministère public ne peut appeler des jugements de simple police. Il en est de même de la partie civile. Ni l'un ni l'autre ne peuvent, par conséquent, être reçus à former appel incident.

8. Mais la partie civile a le droit d'interjeter appel du jugement qui l'a condamnée à des dommages-intérêts envers le prévenu.

9. C'est le montant de la condamnation qui détermine le premier ou le dernier ressort. Seuls, les jugements qui prononcent un emprisonnement, une amende ou des restitutions supérieures à cinq francs, peuvent donner lieu à appel.

10. Ainsi, sont en dernier ressort : les jugements de sursis, les jugements interlocutoires.... etc...

11. Pour apprécier si un jugement de simple police est susceptible d'appel, les diverses amendes, prononcées par ce jugement, doivent être totalisées. (Cass. 29 mars 1884).

12. Par conséquent, le jugement de simple police qui, dans une poursuite où sont réunies plusieurs contraventions, prononce plusieurs amendes, n'est point en dernier ressort, bien que chacune de ces amendes soit inférieure à cinq francs. Pour la qualification à donner à un tel jugement, toutes les amendes doivent être totalisées. (Cass. 3 août 1883. — 13 novembre 1884).

13. Les condamnations d'une valeur indéterminée sont susceptibles d'appel.

14. Ainsi, est susceptible d'appel le jugement de simple police qui, tout en ne condamnant le prévenu qu'à 5 francs d'amende, lui enjoint, en outre, d'effectuer certains travaux, d'une valeur indéterminée, à titre de réparation civile. (Cass. 24 avril 1834).

15. Les dommages-intérêts sont compris dans les restitutions et autres réparations civiles, dont le chiffre sert à déterminer le premier ou le dernier ressort du jugement de simple police qui les a accordés ; dès lors, si ces dommages-intérêts excèdent cinq francs, c'est par la voie de l'appel, que le jugement doit être attaqué. (Cass. 6 décembre 1869).

16. En l'absence de dispositions qui en aient tracé la forme, l'appel d'un jugement de simple police peut être régulièrement interjeté soit par exploit contenant citation signifiée au ministère public, (Cass. 1er juillet 1826), soit par la déclaration faite au greffe du tribunal qui a rendu le jugement.

L'une ou l'autre de ces formalités est suffisante.

17. L'art. 174 du code d'inst. crim. d'après lequel : « l'appel du jugement rendu par le tribunal de police. . . . **sera interjeté dans les dix jours de la signification de la sentence à personne ou domicile**, ne distingue pas entre la signification faite à la requête de la partie civile et celle faite à la requête du ministère public. (Cass. 21 août 1884).

18. Art. 173 du Code d'inst. crim. : » **L'appel sera suspensif.** »

19. Art. 175 du Code d'inst. crim. : « **Lorsque, sur l'appel, le Procureur de la République ou l'une des parties le requerra, les témoins pourront être entendus de nouveau et il pourra même en être entendu d'autres.** »

20. La partie civile peut faire assigner des témoins sans l'autorisation du tribunal. (Cass. 29 novembre 1824. — 22 janv. 1727). — Il en est de même du ministère public (Cass. 19 novembre 1884).

21. Mais les tribunaux peuvent refuser de les entendre, si les témoins de première instance leur paraissent suffisants (Cass. 12 novembre 1863).

22. L'appel de simple police ne peut jamais nuire au condamné. Dès lors, le jugement est toujours réformé à son avantage, ou bien il est purement et simplement confirmé.

23. Le tribunal, saisi de l'appel d'un seul prévenu, ne peut, ni se préoccuper du sort des co-prévenus, ni admettre leur intervention au cours des débats.

24. Lorsque les tribunaux correctionnels siègent comme juges d'appel, il est procédé devant eux comme devant les tribunaux de simple police.

Appel des jugements correctionnels.

1. Art. 199 du Code d'inst. crim. : « Les jugements, rendus en matière correctionnelle, pourront être attaqués par la voie de l'appel. »

2. Cet article autorise l'appel de tous les jugements. Il n'y a donc pas lieu de distinguer entre les jugements définitifs sur les exceptions et les jugements définitifs sur le fond.

3. Dès lors, sont susceptibles d'appel : les jugements interlocutoires, ceux qui accueillent ou repoussent une exception (sursis, compétence, question préjudicielle. . . etc. . .

4. Mais l'appel des jugements préparatoires d'instruction (preuve du délit en cas de nullité du procès-verbal, jugement sur connexité. . . .) ne peut être interjeté qu'après le jugement définitif et conjointement avec l'appel de ce jugement.

5. Les art. 451 du Code de procédure civile et 416 du Code d'inst. crim. doivent être appliqués en cette matière :

Art. 416 du code d'instr. crim. : « L'appel d'un jugement préparatoire ne pourra être interjeté qu'après le jugement définitif et conjointement avec l'appel de ce jugement, et le délai d'appel ne courra que du jour de la signification du jugement définitif ; cet appel sera recevable, encore que le jugement préparatoire ait été exécuté sans réserves.

6. Les jugements interlocutoires sont susceptibles d'appel avant le jugement du fond. (Cass. 10 juillet 1850).

7. Les décisions prises contre les avocats ou officiers ministériels sont sujettes à appel, dans le cas où il y a suspension temporaire.

8. Les personnes qui peuvent interjeter appel sont énumérées dans l'art. 202 du Code d'inst. crim. : « La faculté d'appeler appartiendra :
1o Aux parties prévenues ou responsables,
2o A la partie civile, quant à ses intérêts civils seulement,
3o A l'administration forestière,
4o Au Procureur de la République,
5o Au Procureur Général,

9. Les délais dans lesquels on doit interjeter l'appel sont indiqués par l'art. 203 du code d'inst. crim. : « . . . la déclaration d'appeler doit être faite au greffe du tribunal qui a rendu le jugement, dix jours au plus tard après celui où il a été prononcé, et, si le jugement est rendu par défaut, dix jours au plus tard après celui de la signification qui en aura été faite à la partie condamnée ou à son domicile, outre un jour par trois myriamètres ».

10. Le jour du jugement ou de la signification ne compte pas dans le délai, mais le jour de l'échéance des dix jours en fait partie, même si c'est un dimanche ou un jour férié. (Nîmes, 29 juillet 1875).

11. En matière de contributions indirectes, le délai est réduit à huit jours, que le jugement soit contradictoire ou par défaut : décret du 1er germinal, an XIII, art. 32 : « **L'appel doit être signifié dans la huitaine de la signification du jugement, sans citation préalable au bureau de paix et de conciliation..... etc..... »**

12. En matière de récusation, le délai d'appel est de cinq jours : art. 392 du code de Procédure civile : « **Celui qui voudra appeler sera tenu de le faire dans les cinq jours du jugement par un acte au greffe, lequel sera motivé et contiendra énonciation du dépôt au greffe des pièces au soutien. »**

13. Le Procureur Général peut interjeter appel dans un délai de deux mois, à compter du jour de la prononciation du jugement, ou, si le jugement lui a été signifié par l'une des parties, dans le mois, du jour de cette notification.

14. L'appel est formé au greffe du tribunal qui a prononcé le jugement (art. 203 inst. crim. plus haut cité), à peine de nullité, par l'appelant lui-même ou par un mandataire muni d'un pouvoir spécial.

15. L'appelant détenu fait connaître au Procureur de la République son intention d'interjeter d'appel ; mais le greffier seul, peut régulièrement recevoir l'acte d'appel.

16. « Pendant le délai et l'instance d'appel, il sera sursis à l'exécution du jugement. » (art. 303 § 2, inst. crim.).

17. L'appel a donc pour effet de suspendre le jugement.

18. Le ministère public ne peut se désister de l'appel qu'a interjeté.

19. Le prévenu ou la partie civile peuvent toujours se désister. Ce désistement n'est soumis à aucune forme particulière.

20. L'appel incident n'est admis, en matière correctionnelle, qu'autant qu'il est formé dans le délai de l'appel principal.

21. Les tribunaux correctionnels ne prononcent en dernier ressort que dans le cas où, conformément à l'art. 192 du Code d'inst. crim., ils statuent comme tribunaux de police sur des faits qui, à l'audience, revêtent le caractère de contravention. Cet article est ainsi conçu : « Si le fait n'est qu'une contravention de police, et si la partie publique ou la partie civile n'a pas demandé le renvoi, le tribunal appliquera la peine.... Dans ce cas, son jugement sera en dernier ressort. »

22. Lorsque le tribunal correctionnel, saisi d'une plainte en diffamation, a réduit le fait à une simple contravention, en écartant la circonstance de publicité, et que le renvoi devant le tribunal de police n'a point été demandé, le jugement qui intervient est en dernier ressort, même à l'égard du prévenu. (Cass. 10 juillet 1834).

Assistance judiciaire.

Défenseur d'office, 2. | Objet, 1, 3. | Témoins, 5.
Indigence, 2, 4, 5. | Relégation, 6.

1. La loi du 22 janv. 1851 contient quelques dispositions qui sont destinées à garantir le droit de défense.

2. L'art. 9 est ainsi conçu : « Les **Présidents des tribunaux correction**

nels désigneront un **défenseur d'office aux prévenus poursuivis à la requête du ministère public, ou détenus préventivement, lorsqu'ils en feront la demande, et que leur indigence sera constatée, soit par les pièces désignées dans l'art. 10, soit par tous autres documents.** ». — Il est ainsi pourvu à la défense d'une certaine classe de prévenus devant les tribunaux correctionnels.

3. Cette loi ne se préoccupe que des prévenus poursuivis à la requête du ministère public, ou détenus préventivement, et dont l'indigence est constatée.

4. La plus grande latitude est laissée aux magistrats pour apprécier l'indigence.

5. L'art. 30 de cette même loi va plus loin : « **les présidents.... des tribunaux correctionnels pourront, même avant le jour fixé pour l'audience, ordonner l'assignation des témoins qui leur seront indiqués par l'accusé ou le prévenu indigent, dans le cas où la déclaration de ces témoins serait jugée utile pour la découverte de la vérité. — Pourront être également ordonnées d'office toutes productions et vérifications de pièces. — Les mesures ainsi prescrites sont exécutées à la requête du ministère public.** »

6. La loi du 24 mai 1885, sur la relégation, contient, dans son art. 11, une disposition impérative qui, quoique motivée par des considérations autres que celles de l'indigence, a pour résultat certain de favoriser le droit de la défense. Elle exige « **qu'un défenseur soit nommé d'office au prévenu, à peine de nullité.** »

Audiences correctionnelles.

1. Aux termes de la loi du 11 avril 1838. art. 7 : « Le nombre, la durée des audiences et leur affectation aux différentes natures d'affaires, seront fixées dans chaque tribunal, par un règlement qui sera soumis à l'approbation du Garde des Sceaux. »

2. A l'heure fixée pour l'audience, le tribunal entre en séance ; et, lorsque chaque magistrat est sur son siège, le Président fait annoncer par l'huissier que l'audience est ouverte.

3. Décret du 30 mars 1808, art. 15. « Lorsque l'ouverture des audiences n'en aura pas été faite à l'heure prescrite, le président ne pourra être excusé, pour aucun motif.

Si, néanmoins, c'était par défaut de juges, il en dressera procès-verbal qui devra être renvoyé, par le Procureur Général, au grand Juge, ministre de la Justice. »

4. Il est de l'intérêt d'une bonne justice que toutes les affaires poursuivies après instruction ou sur citation directe du ministère public ou de la partie civile, soient communiquées au Président.

5. Cette communication doit être faite, avant l'audience, au Président de la chambre correctionnelle. C'est là, dit M. Berriat St.-Prix, une communication préjudicielle indispensable. M. Dutruc partage cette opinion et il en trouve la consécration dans le texte de l'art. 132 du Code d'inst. crim., relatif aux affaires mises à l'instruction : « **Dans tous les cas de renvoi en police correctionnelle, le Procureur de la République est tenu d'envoyer, dans les 48 heures au plus tard, au greffe du tribunal qui doit prononcer, toutes les pièces après les avoir côtées..... »**

Ce dépôt a évidemment pour but d'assurer la communication du dossier, tant au Président qu'aux parties.

Enfin, pour justifier le droit du Président correctionnel d'obtenir la communication des pièces, on peut s'appuyer sur les art. 29 et 30 de la loi du 22 janvier 1851, relative à l'assistance judiciaire, qui impliquent évidemment ce droit ; le premier, en chargeant le Président de désigner un défenseur d'office au prévenu dans des cas déterminés ; le deuxième en l'autorisant à ordonner d'office, avant l'audience, l'audition de témoins et la production et vérification de pièces.

6. En matière correctionnelle, il n'est pas indispensable que le prévenu soit assisté d'un défenseur. Le Président, si la demande lui en est adressée par le prévenu, peut désigner d'office un membre du barreau : « **Il est tenu de faire cette désignation aux prévenus poursuivis à la requête du ministère public, ou détenus préventivement, lorsqu'ils en feront la demande, et que leur indigence sera constatée, soit par les pièces désignées par l'art. 10, soit par tous autres documents. »** (loi du **22 janvier 1851**). (1)

7. En matière de relégation, la loi du 21 mai 1885, s'exprime ainsi, § 2: « **Lorsqu'une poursuite devant un tribunal correctionnel sera de nature à entraîner la relégation.... un défenseur sera nommé d'office au prévenu, à peine de nullité. »** (2)

8. La police des audiences appartient au magistrat chargé de présider les débats.

9. Toutefois, quand le tribunal est rentré dans la chambre du conseil pour délibérer, si le magistrat du ministère public reste sur son siège, c'est à lui qu'appartient la police de l'audience (Massabiau, t. 1, page 139).

10. « **Ceux qui assistent aux audiences se tiennent découverts dans le silence et le respect ; tout ce que le Président ordonne est exécuté ponctuellement et à l'instant..... »** art. 88 du code de procédure civile.

DÉSIGNATION D'UN DÉFENSEUR

(1) *J'ai l'honneur de vous informer qu'en exécution de l'art. 29 de la loi du 22 janvier 1851, et sur la demande du n° X...., prévenu de.... et détenu dans la maison d'arrêt de... je vous ai désigné pour présenter d'office sa défense à l'audience du..., où son affaire sera appelée.*

Vous pourrez prendre connaissance de la Procédure qui est déposée au greffe du tribunal.

(2) *En exécution de la loi du 21 mai 1885, je vous ai désigné pour présenter d'office, à l'audience du...... la défense du sieur X..... prévenu de..... détenu.*

Le Président de l'audience correctionnelle,   *X.....*

11. Les affaires poursuivies à la requête du ministère public sont appelées avant celles qui viennent à la requête des administrations et des autres parties civiles.

12. C'est au Procureur de la République à fixer l'ordre dans lequel les affaires correctionnelles sont appelées ; mais le Président a le droit de le modifier.

13. S'il s'agit d'une affaire à la requête du ministère public, celui-ci fait l'exposé sommaire de l'affaire, prescrit par l'art. 190 du Code d'instruction criminelle : « ... **Le Procureur de la République exposera l'affaire....** ». Cet exposé a pour but de faire connaître les circonstances qui motivent la poursuite, tant sur les points de fait que sur les points de droit.

14. Dans certains tribunaux, on se borne à faire donner par le greffier lecture du procès-verbal et de la citation ou de l'ordonnance du juge d'instruction.

15. S'il s'agit d'une affaire à la requête d'une partie civile, lecture est donnée de la citation qui contient l'énonciation des faits, en présence des témoins cités à la requête des parties et dont l'appel a été fait préalablement.

16. En matière correctionnelle, comme en matière de simple police, la comparution volontaire du prévenu donne aux juges le droit de prononcer sur la prévention et sur tout ce qui s'y rattache. (Cass. 16 juin 1881).

17. Le prévenu, qui a été soumis à la détention préventive, doit comparaître libre et seulement accompagné de gardes pour l'empêcher de s'évader.

18. Voir v° prévention, les formalités à remplir dans le cas où le prévenu détenu refuserait de comparaître.

19. En principe, les audiences doivent être publiques. La publicité est une formalité substantielle. — (Cass. 9 mars 1883, 4 décembre 1886).

Loi des 16-24 août 1790, art. 14 : « **En toute matière criminelle les plaidoiries, rapports et jugements seront publics....** »

Art. 190 du Code d'inst. crim. : « **L'instruction sera publique à peine de nullité....** »

20. Si, cependant, la publicité d'une affaire est dangereuse pour l'ordre ou pour les mœurs, le tribunal, par un jugement motivé, ordonne que les débats auront lieu à huis clos, aux termes de l'article 81 de la constitution de 1848 (1).

21. C'est après l'exposé de l'affaire que le prévenu doit faire valoir les exceptions qui ne sont recevables qu'*in limine litis*, notamment celles tirées de l'irrégularité de la citation.

JUGEMENT DE HUIS-CLOS

(1) *Le tribunal, après en avoir délibéré, a rendu le jugement suivant :*
Vu l'article 81 de la constitution de 1848, lequel est ainsi conçu :
« *La justice est rendue publiquement, au nom du peuple Français ; les débats sont publics à moins que la publicité ne soit dangereuse pour l'ordre et les mœurs.* »
Attendu que la publicité serait dangereuse pour l'ordre et les mœurs,
Le tribunal ordonne que les débats auront lieu à huis-clos.

22. L'exception d'incompétence peut aussi être soulevée, mais le tribunal pourra ordonner qu'il sera préalablement procédé à l'audition des témoins, si, par exemple, l'incompétence doit résulter de circonstances que les débats seuls peuvent révéler. (Cass. 7 décembre 1844).

23. Dans le cas où le tribunal penserait que le fait révélé à l'audience, ou même le fait dont il est saisi constitue un crime, il doit se borner à déclarer purement et simplement son incompétence, s'il est saisi par une ordonnance du juge d'instruction. (Cass. 4 février 1830, 28 avril 1833, 18 août 1837).

24. S'il n'en est saisi que par la citation directe donnée par le ministère public, **il renvoie le prévenu devant le juge d'instruction compétent et dans tous les cas, le tribunal peut décerner un mandat de dépôt ou d'arrêt contre le prévenu**. (art. 193 du code d'inst. crim.).

25. Après l'exposé de l'affaire, le président prescrit au greffier de faire l'appel des témoins. Le greffier lit à haute voix la liste des témoins produits par le Procureur de la République, par la partie civile et par le prévenu.

26. Si un témoin fait défaut, ou refuse de prêter serment ou de déposer le tribunal le condamne à l'amende édictée par l'art. 80 du code d'inst· crim. et, si la déposition du témoin n'est pas indispensable à la manifestation de la vérité, il ordonne qu'il sera passé outre. (1).

27. L'art. 80 est rendu applicable aux tribunaux correctionnels par l'art. 157 du code d'instruction crim. « **Les témoins qui ne satisferont pas à la citation pourront y être contraints par le tribunal qui, à cet effet et sur les réquisitions du ministère public, prononcera dans la même audience, sur le premier défaut, l'amende, et, en cas d'un second défaut, la contrainte par corps.**

28. Si le témoin défaillant a allégué une excuse fausse ou produit un faux certificat de maladie, il peut encourir les peines portées aux art. 236, 159 et 160 du Code pénal.

29. Le témoin défaillant peut être déchargé de l'amende prononcée contre lui ; c'est ce que décide l'art. 158 du Code d'inst. crim. : « **Le témoin**

JUGEMENT SUR ABSENCE D'UN TÉMOIN.

(1) Le tribunal... Ouï le ministère public, en ses réquisitions, le prévenu et son conseil, en leurs observations,

Considérant que le sieur X..., régulièrement assigné comme témoin dans l'affaire du prévenu C..., ne comparaît pas,

Qu'il n'a fait présenter aucune excuse (ou que les excuses alléguées par le témoin X..., ne peuvent être admises par le tribunal) ;

Faisant audit témoin application de l'art. 80 du code d'inst. crim., lequel est ainsi conçu:

« Toute personne citée pour être entendue en témoignage, sera tenue de comparaître et de satisfaire à la citation ; sinon elle pourra y être contrainte par le juge d'instruction, qui, à cet effet, sur les conclusions du Procureur de la République, sans aucune formalité, ni délai, et sans appel, prononcera une amende qui n'excédera pas cent francs, et pourra ordonner que la personne citée sera contrainte par corps à venir donner son témoignage. »

Condamne le sieur C.... à.... francs d'amende et aux frais de l'incident ;

Ordonne que le présent jugement sera exécuté à la diligence de M. le procureur de la République.

Et attendu que la présence de ce témoin n'est pas indispensable à la manifestation de la vérité, ordonne qu'il sera passé outre aux débats. »

condamné à l'amende sur un premier défaut, et qui, sur la seconde citation, produira devant le tribunal des excuses légitimes, pourra, sur les conclusions du ministère public, être déchargé de l'amende.

Si le témoin n'est pas cité de nouveau, il pourra comparaître volontairement, par lui ou par un fondé de pouvoir spécial, à l'audience suivante, pour présenter ses excuses et obtenir, s'il y a lieu, décharge de l'amende. »

30. Après l'appel des témoins et la lecture des pièces indiquées plus haut, le Président dit à l'huissier de conduire les témoins dans la chambre qui leur est réservée.

31. Les témoins doivent être entendus l'un après l'autre, séparément, dans l'ordre établi par le Procureur de la République, ordre qui peut être modifié par le Président de l'audience, en finissant par les témoins à décharge.

32. Le Président les interpelle successivement de la manière suivante: « Quels sont vos nom, prénoms, âge, profession, domicile ou résidence ?

« Etes-vous parent ou allié, soit du prévenu, soit de la partie civile ?

« Etes-vous attaché au service de l'un ou de l'autre ?

Ce sont les termes des articles 155 et 156 du Code d'inst. crim., relatifs aux tribunaux de simple police, et qui, comme les art. 157, 158, 159, 160 et 161, doivent, conformément aux termes de l'art 189, être appliqués devant les tribunaux correctionnels ;

Puis : « Levez la main droite, « Vous jurez de dire toute la vérité, rien que la vérité. »

Dites : « je le jure ». (Cass. 4 décembre 1886).

33. Le témoin dépose oralement,

Il ne doit pas être interrompu.

34. Les témoins ne peuvent s'interpeller entr'eux.

35. Le Président fait représenter au témoin et au prévenu les pièces de conviction. Cette formalité est purement facultative. Art. 190 du code d'inst. criminelle : « .... les pièces pouvant servir à conviction ou à décharge seront représentées aux témoins et aux parties..... »

36. Le prévenu et son conseil, et la partie civile ne doivent questionner les témoins que par l'organe du Président.

37. Les juges et le Procureur de la République peuvent les questionner directement.

38. Le prévenu et le Procureur ont le droit de demander qu'après leur déposition certains témoins se retirent de l'auditoire et qu'un ou plusieurs d'entr'eux soient introduits et entendus de nouveau, soit séparément, soit en présence les uns des autres. Le président pourra aussi ordonner d'office ces mesures.

39. Les témoins, après leur déposition, doivent rester dans l'auditoire, à moins que le président n'en ait ordonné autrement.

40. Si, les débats terminés, une déposition paraît fausse, le président, après avoir averti le témoin du danger auquel il s'expose, ordonne, s'il y a lieu, son arrestation. — Le tribunal, dresse un procès-verbal et applique, sans désemparer, les peines prononcées par la loi. (Cass. 11 novembre 1864).

41. Si le témoin ou le prévenu ne s'exprime pas en français ou est sourd-muet, le Président nomme un interprète, à qui il fait prêter serment : « **de traduire fidèlement les discours à transmettre entre ceux qui parlent des langages différents.** »

Cette formule de serment, contenue dans l'art. 332 du code d'inst. crim. n'est pas sacramentelle. (Cass. 16 avril 1818).

42. Un étranger, un domestique peuvent être interprètes. (Cass. 2 mars 1827). — Une femme, qui a 21 ans, peut l'être également ; un témoin ne peut, à peine de nullité, être nommé interprète (30 décembre 1853).

L'âge de 21 ans n'est pas exigé pour l'interprète des sourds-muets, prévenus et témoins (22 décembre 1824).

43. Une expertise, un plan, une descente sur les lieux peuvent être ordonnés. — Si l'expert doit prêter serment, le Président lui dit : « *Vous jurez de faire votre rapport et de donner votre avis en votre honneur et conscience.* »

44. Ensuite, il est procédé à l'interrogatoire du prévenu.

Le président lui demande ses nom et prénoms, la date et le lieu de sa naissance, le nom de ses père et mère, s'il est marié, s'il a des enfants, quel est son domicile ou le lieu de sa résidence et s'il a subi des condamnations.

45. Une circulaire ministérielle, en date du 31 mai 1883, engage les présidents à poser aux prévenus des questions sur : 1° la classe de recrutement à laquelle ils appartiennent, 2° le canton dans lequel ils ont tiré au sort, 3° leur numéro de tirage.

46. Si le prévenu a été momentanément éloigné de l'audience, pendant l'audition d'un témoin ou pendant l'interrogatoire d'un co-prévenu, le président doit lui rendre compte de ce qui a été fait en son absence et de ce qui en est résulté.

47. La partie lésée a le droit de se porter partie civile et de déposer des conclusions jusqu'à la clôture des débats. (Voir v° partie civile).

48. Le débat oral s'engage aussitôt après l'interrogatoire.

Le Président donne successivement la parole à la partie civile, au Procureur de la République et au prévenu.

La réplique est permise ; le prévenu ou son conseil ont le droit de parler les derniers.

49. Le ministère public n'a pas seulement à requérir l'application de la loi et à donner des conclusions sur les incidents soulevés au cours des débats, il peut prendre toutes les réquisitions utiles dans l'intérêt d'une bonne administration de la Justice.

50. C'est ainsi qu'il a le droit de demander le renvoi d'une affaire à une autre audience, qu'il peut requérir l'audition de nouveaux témoins, une expertise.., etc...

51. De telles réquisitions sont utilement prises jusqu'au moment où la cause est mise en délibéré, et même jusqu'à la prononciation du jugement définitif. (Cass. 2 juin 1865).

52. Aux termes du décret du 30 mars 1808 : « **Lorsque les juges trouveront qu'une cause est suffisamment éclaircie, le Président devra faire cesser les plaidoiries** » ; pouvoir discrétionnaire dont la loi a investi les magistrats qui ne sont comptables qu'envers leur conscience de l'usage qu'ils en font.

53. Un tribunal ne saurait encourir la censure de la cour de cassation, (aucun texte n'ayant déterminé la durée des débats), sous le prétexte qu'il aurait fait cesser une plaidoirie trop tôt, ou qu'il aurait mal à propos refusé la réplique (Dalloz, v° Défense, 230).

54. Il y aurait violation des droits de la défense, si le Président, de sa seule autorité et sans le consentement des autres juges, avait limité la durée de la plaidoirie (n° 233).

55. Le ministère public, la partie civile, le prévenu peuvent demander la remise de l'affaire, soit pour faire citer de nouveaux témoins, soit pour fournir certaines justifications. Le tribunal a le droit, suivant qu'il le juge ou non utile, d'accorder ou de refuser le sursis demandé.

56. Le tribunal ne pourrait cependant refuser au ministère public un délai pour citer de nouveaux témoins, lorsque le délit n'est pas suffisamment établi par le procès-verbal ou par les témoins cités et entendus.

57. Le tribunal peut ordonner d'office toute production et vérification de pièces. — Ces mesures sont exécutées à la requête du ministère public (loi du 22 janvier 1851, art. 30).

58. Saisi directement, le tribunal correctionnel peut-il déléguer le juge d'instruction, à l'effet de procéder à une instruction supplémentaire ? D'après M. Dutruc, « le principe de la publicité de l'instruction des affaires portées directement devant le tribunal correctionnel, exige que ce tribunal complète lui-même l'information reconnue insuffisante, et, dès lors, entende de nouveaux témoins, ordonne la production de documents nouveaux.... »

Contrairement à cette opinion, nous estimons que rien ne s'oppose, en cas de nécessité, à ce que le tribunal prescrive un pareil mode d'instruction. Son droit ne nous paraît nullement entravé par le principe de la publicité de l'audience, puisque les éléments de l'information supplémentaire seront toujours débattus publiquement.

59. En matière correctionnelle, la preuve des délits ne résulte pas uniquement du débat oral (154, 155 et 156 du code d'inst. crim.). Il est de principe que le tribunal peut rechercher les éléments de sa conviction, dans les pièces de la procédure écrite, pourvu que tous les documents de cette procédure aient été soumis à l'examen des parties. (Cass. 18 juillet 1884).

60. Le jugement doit être prononcé par le Président, en présence du public et du prévenu. Avant de le prononcer, en cas de condamnation, le Président lira le texte de la loi sur lequel il est fondé. Après avoir qualifié les faits, le jugement doit statuer sur les dommages-intérêts, sur la restitution au propriétaire des objets saisis et sur les frais.

61. Le greffier doit tenir note des dépositions, des interrogatoires, en un mot de toutes les circonstances et de tous les incidents de l'audience. Art. 189 du code d'inst. crim. : « ..... **Le greffier tiendra note des déclarations des témoins et des réponses du prévenu.** ..... »

62. Le tribunal ne peut statuer *de plano* sur les délits nouveaux révélés aux débats. Il doit se borner à réserver au ministère public l'action à laquelle ces délits peuvent donner lieu, (Cass. 23 novembre 1827), à moins que le prévenu ne consente à être jugé sur le champ. Cependant, la cour de cassation a pu décider qu'on ne doit pas considérer comme libre le consentement donné par un prévenu en état d'arrestation. (10 juin 1853, 4 octobre 1855, 27 février 1885 Cass. B. C.).

63. La loi du 17 février 1852, art. 7, § 2, autorisait autrefois les tribunaux à prononcer l'interdiction du compte-rendu des procès correctionnels, qui leur paraissait susceptible de produire de fâcheux effets ou de funestes impressions. Cette latitude n'existe plus depuis la loi du 29 juillet 1881, qui a spécialement et limitativement prévu les cas où le compte-rendu est interdit.

Audiences correctionnelles

(Troubles, délits, crimes commis aux)

Avertissement préalable, 2.	Délit, 15, 16, 17, 18, 19, 20, 21, 22, 23,	Presse, 19, 34.
Avocats, 29, 30, 32, 33.	Officiers ministériels, 26, 27, 28, 31, 32, 33.	Trouble simple, 1, 3, 4.
Crime, 24.		Trouble avec injures, 6, 78, 9, 10, 11, 12, 13, 14.

1. Si le prévenu trouble l'audience, le tribunal le fait retirer de l'auditoire (1). Il peut être, de plus, déclaré coupable de rébellion et puni d'un emprisonnement qui ne pourra pas excéder deux ans, sans préjudice des peines portées au Code pénal contre les outrages et violences envers les magistrats (Art. 11 de la loi du 9 septembre 1835).

2. Si, pendant la durée d'une audience, un assistant fait du tumulte, le Président procède, conformément à l'art. 504 du code d'instruction criminelle, qui est ainsi conçu : « Lorsqu'à l'audience..... l'un ou plusieurs des **assistants donneront des signes publics soit d'approbation, soit d'improbation, ou exciteront du tumulte, de quelque manière que ce soit, le Président ou le juge les fera expulser : s'ils résistent à ses ordres, ou s'ils rentrent, le Président ou le juge ordonnera de les arrêter et conduire dans la maison d'arrêt ; il sera fait mention de cet ordre dans le procès-verbal ; et, sur l'exhibition qui en sera faite au gardien de la maison d'arrêt, les perturbateurs y seront reçus et retenus pendant vingt-quatre heures.** »

FORMULE

(1) *Le tribunal, — Considérant que le prévenu C..., a, à plusieurs reprises, et avec violence (préciser les faits)...*

Que par ses clameurs (et par les menaces qu'il adresse à.....), il met obstacle au cours de la Justice,

Vu les art. 9 et 10 de la loi du 9 septembre 1835,

Ordonne que C... sera reconduit en prison.

Un avertissement préalable est nécessaire. — Après les vingt-quatre heures expirées, les individus détenus doivent être mis en liberté, sans qu'il soit donné de nouveaux ordres aux gardiens de la maison d'arrêt.

3. La loi ne trace aucune procédure à suivre ; il suffit que le Président de l'audience délivre une ordonnance pour la mise en état d'arrestation du perturbateur. Cette ordonnance sera motivée (1).

4. Mais, comme il ne s'agit que d'un acte de police, cette décision n'est pas sujette à appel.

5. Le droit de répression, prévu par l'art. 504, appartient à toutes les juridictions, ordinaires ou d'exception, judiciaires ou administratives.

6. Mais il peut se produire à l'audience des faits plus graves que ceux d'un simple manquement de respect à la justice, et ayant le caractère de véritables délits.

7. En ce qui concerne ces derniers, le tribunal puise un droit de répression dans l'art. 505 du code d'inst. crim., qui a abrogé l'art 91. du code de procédure civile (Cass. 3 août 1854) ; il est ainsi conçu : « **Lorsque le tumulte aura été accompagné d'injures ou de voies de fait, donnant lieu à l'application ultérieure de peines correctionnelles, ou de police, ces peines pourront être, séance tenante, et immédiatement après que les faits auront été constatés, prononcées, savoir : celles de simple police, sans appel de quelque tribunal ou juge qu'elles émanent, et celles de police correctionnelle, à la charge de l'appel, si la condamnation a été portée par un tribunal sujet à appel ou par un juge seul.** »

8. Il faut donc, pour qu'un tribunal puisse punir à l'instant, le trouble qui s'est produit à son audience,

1° qu'il y ait tumulte,

2° qu'à l'occasion de ce tumulte, des injures soient proférées ou des voies de fait commises.

9. La loi a, pour l'application de l'art 505, établi une procédure spéciale : un procès-verbal doit être dressé, soit en audience publique, soit en chambre du conseil. Le délinquant pourra être arrêté, alors même qu'il aurait quitté l'enceinte du tribunal correctionnel. Avant de statuer, le juge l'interrogera et recueillera le témoignage des témoins dans la forme habituelle et après leur avoir fait prêter serment.

10. Si le prévenu ne peut être arrêté ou ne se présente pas devant le tribunal, le jugement sera rendu par défaut.

11. Néanmoins, le tribunal est libre d'ajourner le prononcé du jugement, pourvu qu'il ne sépare pas l'incident du fond. (Cass., 21 décembre 1867).

---

(1) Ordonnance à rendre en cas de trouble causé par un assistant :

« Nous.... *Vu les art. 89 du code de Procédure civile et 501 du code d'inst. crim.*

Attendu que le n°....., a causé du tumulte à l'audience de ce jour...

Attendu qu'après nos avertissements il n'est pas rentré dans l'ordre et qu'il a refusé de se retirer, malgré nos injonctions,

Ordonnons à l'huissier de service, de saisir le susnommé et de le conduire dans la maison d'arrêt de cette ville, où il sera reçu et détenu pendant vingt-quatre heures, sur l'exhibition de la présente ordonnance qui sera transcrite sur le registre d'écrou.

Fait à   le   18

Le Président de l'audience. »

12. Si une décision n'intervient pas séance tenante, le tribunal est dessaisi.

13. L'article s'applique, comme l'art. 504, à toutes les juridictions. Dès lors, le juge de paix peut, en audience de simple police, faire appli_ cation, par exemple, de l'art. 222 du code Pénal ; mais sa décision doit être portée en appel devant le tribunal correctionnel.

14. Pas plus que pour l'application de l'art. 181, dont on va parler ci-après (n° 20), la qualité des délinquants ne doit être prise en considération.

15. D'après l'article 182 du Code d'instruction criminelle, « **S'il se commet un délit correctionnel dans l'enceinte et pendant la durée de l'audience, le Président dressera procès-verbal du fait, entendra le prévenu et les témoins et le tribunal appliquera, sans désemparer, les peines prononcées par la loi, et ce, sans préjudice de l'appel de droit des jugements rendus, dans ces cas, par les tribunaux correctionnels.** »

16. Cet article s'applique aux délits ordinaires, commis par des particuliers.

17. C'est ainsi qu'on peut réprimer, séance tenante, des injures et outrages dirigés contre un juge d'instruction qui, cependant, ne serait pas sur le siège. (Cass. 5 juin 1851).

18. L'instruction du délit doit être faite immédiatement et le tribunal doit rendre son jugement sans qu'il puisse renvoyer l'affaire à une audience ultérieure. Néanmoins, si le tribunal ne réprime pas le délit, séance tenante, rien ne s'oppose à ce qu'une poursuite ultérieure soit dirigée contre le délinquant dans les formes ordinaires.

19. La loi de 1881, sur la presse, n'a pas dérogé à l'art 181, qui attribue aux cours et tribunaux les jugements des délits qui se commettent dans leur enceinte et pendant la durée des audiences. Ainsi, bien que le délit d'injures envers un témoin soit, en principe, de la compétence de la Cour d'assises, il en est autrement lorsque ce délit a été commis à l'audience et puni comme tel (Cass. 19 décembre 1884).

20. Les dispositions de l'art. 181 sont exceptionnelles et d'ordre public. Par suite, le tribunal doit les appliquer à tous les délinquants, quelle que soit leur qualité ; ainsi, les sénateurs, députés, militaires en congé ou en activité...., y sont soumis.

21. Le tribunal n'a pas besoin des réquisitions du ministère public pour prononcer.

22. L'appel est de droit contre les décisions rendues par application de l'article 181 du code d'instruction criminelle.

23. Il est à remarquer que les tribunaux de paix, militaires et de commerce ne rentrent pas dans les juridictions comprises dans les termes de l'art. 181 ; néanmoins, les juges de paix peuvent réprimer, pendant une audience de simple police, la contravention qui se commet en leur présence.

24. Lorsqu'un crime a été commis à l'audience de simple police, le tribunal n'acquiert, pour cela, aucune prérogative de juridiction. L'art. 506 du Code d'instruction criminelle le décide ainsi : « **S'il s'agit d'un crime commis à l'audience d'un tribunal sujet à appel, le tribunal, après avoir fait arrêter le délinquant, et dressé procès-verbal des faits, enverra les piè-**

ces et le prévenu devant les juges compétents ; » et l'art. 92 de Procédure civile corrobore cette règle : « **Si les délits commis à l'audience méritaient peine afflictive ou infamante, le prévenu sera envoyé en état de mandat de dépôt devant le tribunal compétent, pour être poursuivi et puni suivant les règles établies par le Code d'instruction criminelle.** »

25. Ci-dessous un modèle de jugement (1) :

26. Art. 90 du code de procédure civile : **Si le trouble est causé par un individu remplissant une fonction près le tribunal, il pourra, outre la peine ci-dessus** (portée en l'art. 89), **être suspendu de ses fonctions : la suspension, pour la première fois, ne pourra excéder le terme de trois mois. Le jugement sera exécutoire par provision, ainsi que dans le cas de l'art. 89.** »

27. Cet article s'aplique tout aussi bien aux tribunaux correctionnels qu'aux tribunaux civils, ainsi qu'à toutes les juridictions.

28. Il est nécessaire de le compléter par les dispositions de l'art. 103 du décret du 30 mars 1808, qui est ainsi conçu : « **Dans les cours et tribunaux de première instance, chaque chambre connaîtra des fautes de discipline qui auraient été commises ou découvertes à son audience..... »

29. Cette disposition doit être étendue aux avocats qui, bien que leurs fonctions diffèrent de celles des officiers ministériels, n'en exercent pas moins une devant le tribunal.

L'ordonnance du 20 nov. 1822, art. 16, porte, du reste, que « **il n'est point dérogé... au droit qu'ont les tribunaux de réprimer les fautes commises à leurs audiences par les avocats. »

Voir ci-dessous formule d'un jugement disciplinaire (2).

FORMULE DE JUGEMENT

(1) *Le tribunal... (constater, d'une manière aussi précise et détaillée que possible, les faits constitutifs du crime et les circonstances dans lesquelles il a été commis, ainsi que les pièces saisies, qui seront mises sous scellés).*

Et attendu que les faits ci-dessus constituent un crime,

Vu les articles 92 du code de Procédure civile et 506 du code d'instruction criminelle;

Ordonne que le sieur M..., saisi par ordre de M. le Président de l'audience, demeurera arrêté et sera conduit dans la maison d'arrêt,

Et le renvoie en état de mandat de dépôt devant la juridiction compétente, pour être poursuivi et jugé suivant les règles établies par le code d'instruction criminelle,

Ordonne, en outre, que les pièces, ci-dessus décrites et placées sous scellés, demeureront saisies et seront déposées au greffe;

Qu'expédition régulière du présent procès-verbal sera remise à M. le Procureur de la République, et une autre expédition au gardien de la maison d'arrêt;

Commet...., huissier audiencier, pour mettre le présent ordre à exécution, avec l'assistance de la force publique, s'il échet.

*Fait et jugé les jour, mois et an que dessus, et a, le Président de l'audience signé avec le greffier. »

FORMULE D'UN JUGEMENT DISCIPLINAIRE

(2) *Le tribunal correctionnel...,tenant cejourd'hui...., son audience publique, où siégaient MM.   , assistés de M.   , greffier, tenant la plume,*

(Constater les faits et circonstances de la faute ou délit disciplinaire, les observations ou injonctions faites par le Président de l'audience, les excuses ou observations et explications présentées par l'inculpé, qui doit être entendu dans sa défense).

Vu les explications et constatations qui précèdent,

Ordonne qu'il se retirera de suite dans la chambre du conseil pour dresser procès-verbal et en délibérer;

Et, après que de tout ce qui précède a été dressé le présent procès-verbal, le tribunat étant

30. Tous les manquements, de quelque nature qu'ils soient, appellent l'intervention des tribunaux.

31. Il convient de remarquer que, seuls, sont compétents les tribunaux devant lesquels les fautes sont commises et ils ne peuvent statuer qu'à l'égard des avocats et officiers ministériels qui exercent devant eux.

32. Si l'infraction commise à l'audience est un délit, l'avocat ou l'officier ministériel peut être condamné aux peines du délit et aux peines disciplinaires.

33. Le ministère public peut requérir, mais le tribunal peut appliquer d'office, les peines disciplinaires encourues, soit par les avocats, soit par les officiers ministériels.

34. Le droit du tribunal a été de nouveau et formellement consacré par l'art. 51 de la loi du 29 juillet 1881, sur la presse. (Voir vº avocat, nº 10).

Aveu

Effets, 1, 2. | Caractère, 6. | Preuves, 3. 4. 5.

1. Le code d'instruction criminelle ne considère point l'aveu comme une preuve légale indiscutable.

2. C'est qu'en effet, la déclaration faite par un individu, accusé ou non, qu'il a commis un méfait, peut n'être qu'une bravade ou un acte de désespoir ; ce qui justifie cet ancien axiôme : « *nemo auditur perire volens* ».

3. Dès lors, une condamnation correctionnelle pourrait être annulée si elle se basait uniquement sur un aveu. Mais, elle serait inattaquable s'il apparaissait que l'aveu n'a été qu'un des éléments de conviction.

4. L'aveu concourt, comme tout autre moyen de preuve, à former la conviction du juge.

5 Aucune loi, en effet, ne défend aux juges correctionnels de faire entrer dans leurs éléments de conviction l'aveu du prévenu, et ne leur im-

---

rentré à l'audience publique, a fait donner lecture par le greffier du procès-verbal qui venait d'être dressé et a prononcé immédiatement le jugement ,dont la teneur suit :

Vu les articles 102 et 103 du décret du 30 mars 1808 (l'ordonnance du 29 novembre 1822 s'il s'agit d'un avocat), et l'art. 90 du Code de procédure civile (il peut y avoir lieu de faire application de l'art. 41 de la loi du 29 juillet 1881, sur la Presse);

Attendu que les faits constatés (les analyser), constituent une infraction aux règles de la discipline, une atteinte portée à la dignité de la Justice et un manque de respect envers les magistrats (ou. . . .)

Le tribunal, faisant application des articles. . . . . , dont il a été donné lecture par le Président, fait défense à . . . . . de . . . . à l'avenir ;

Et, pour l'avoir fait, malgré les avertissements du Président, le condamne à. . . . .;

Ordonne qu'expédition du présent jugement sera transmise à M. le Procureur général.

Ainsi fait et jugé. . . . .

pose, à cet égard, des règles différentes de celles qui existent pour les jurés (Cass. 22 septembre 1837).

6. En matière criminelle, l'aveu est de sa nature essentiellement divisible. Il ne cesse de l'être, que quand le fait qu'il s'agit de prouver est une convention dont la loi civile a soumis la preuve à des conditions spéciales.

Avocats

1. En principe, le ministère de l'avocat est libre.

2. Par l'effet de l'ordonnance de 1830, l'avocat inscrit au tableau a reçu le droit de plaider, sans autorisation, devant toutes les juridictions, et il importe peu que le procès s'agite dans un autre ressort que celui de la cour où il est inscrit.

3. Une des grandes prérogatives de l'avocat est de parler avec indépendance.

4. Toutefois, il a été établi par la loi des limites aux excès qui peuvent se produire. Elles se trouvent énumérées dans l'art. 43 de l'ordonnance du 20 novembre 1822 et ont leur sanction dans l'art. 18 de cette même loi et dans l'art. 3 du décret du 22 mars 1852. (Voir v° audiences correctionnelles, n°   ).

5. Le tribunal peut, aux termes de ces articles, exercer son pouvoir disciplinaire, dans le cas où l'avocat s'écarte du serment par lui prêté « de ne rien dire de contraire aux lois, aux règlements, aux bonnes mœurs, à la sûreté de l'Etat et à la paix publique, et de ne jamais s'écarter du respect dû aux tribunaux et aux autorités publiques » (ordonnance de 1822, art. 38), de même « quand il attaque la morale, la religion, les lois ou les autorités établies » (art. 43 de la même ordonnance).

6. Pour que le tribunal puisse se saisir d'office ou être saisi par le ministère public d'une faute de cette nature, il n'est pas nécessaire que le conseil de discipline ait été appelé à statuer, au préalable. (Cass., 18 avril 1820 ; 8 janvier 1838. — Bastia, 15 juillet 1857).

7. Mais la jurisprudence est allée jusqu'à admettre comme régulière, la décision disciplinaire rendue contre un avocat absent et auquel aucune invitation n'a été donnée. On lui reconnaît seulement le droit de former opposition.

8. La décision du tribunal est susceptible d'appel.

9. Les juges, aux termes de la loi du 13 juillet 1881, art. 41, « pourront faire des injonctions aux avocats et aux officiers ministériels, et même les suspendre de leurs fonctions, dans le cas de discours injurieux, outrageants ou diffamatoires. »

10. Les règles de cet article sont applicables aux parties qui se défendent elles-mêmes. En conséquence, les juges devant lesquels se produit un délit d'audience, de la part d'une partie contre son adversaire, sont compétents pour statuer sur le délit lui-même et pour recevoir les réserves faites à l'audience, à défaut de répression. Ces réserves doivent être l'objet d'une demande spéciale à consigner dans le jugement à intervenir, sous peine de rendre non recevable toute action ultérieure. (Avesnes, 4 novembre 1883).

11. Les avocats peuvent, dans une certaine mesure, être appelés à suppléer les juges. (Voir v° Jugement. — Loi du 22 ventôse, an XII, art. 30. Décrets des 30 mars 1808, art. 49, et 14 décembre 1810, art. 35).

12. L'avocat qui siège comme magistrat, jouit des mêmes prérogatives, mais est tenu aux mêmes devoirs que les juges en titre.

Casier judiciaire

1. L'un des premiers éléments d'une bonne administration de la justice, en matière criminelle, se rencontre dans la connaissance exacte que le juge peut avoir de la conduite, des mœurs et des antécédents de l'homme qu'il doit juger. (Circ. min. du 6 novembre 1850).

2. C'est pour atteindre ce but qu'ont été créés les casiers judiciaires, destinés à constater légalement, la situation judiciaire de chaque individu.

3. Le casier judiciaire est établi au greffe de chaque tribunal civil.

4. Il contient, par ordre alphabétique, des bulletins constatant à l'égard des individus nés dans l'arrondissement :

Tout jugement ou arrêt, devenu définitif, rendu contre lui, par toute juridiction répressive (le tribunal de simple police excepté) ;

Toute mesure disciplinaire émanée d'un tribunal et qui aura été soumise à l'approbation du garde des sceaux, conformément au décret du 30 mars 1808. (Circ. min. du 13 mai 1853) ;

Tout jugement déclaratif de faillite ;

Toute réhabilitation obtenue à la suite d'une condamnation ou d'une déclaration de faillite.

5. Le principal objet de l'établissement des casiers judiciaires étant la constatation des antécédents des individus traduits en justice, il est indispensable que toutes les procédures criminelles soient pourvues d'un bulletin n° 2, qui doit servir, tout à la fois, à établir la moralité du prévenu et à faire connaître son origine et son âge.

6. Une circulaire, en date du 1er juillet 1856, fait cependant une exception en ce qui concerne les procédures en matière forestière, et les amendes prononcées à la requête d'une administration fiscale.

7. La loi du 27 mai 1885, sur la relégation, a donné une importance nouvelle au casier judiciaire. Ce sont, en effet, les mentions des bulletins n° 2 qui déterminent les tribunaux à prononcer ou à écarter la relégation.

8. Préoccupé de cette situation particulière, le Procureur général de la cour de Limoges, dans une circulaire en date du 25 janvier 1886, s'exprime ainsi : « Il est indispensable, pour permettre aux tribunaux d'apprécier rapidement et sûrement la situation des prévenus au point de vue de la relégation, de surveiller avec une attention plus grande encore que par le passé, la rédaction des bulletins n° 1 et n° 2. On doit contrôler avec un soin tout particulier, les qualifications qu'ils donneront aux faits et exiger désormais que chaque mention des bulletins n° 2 soit suivie de l'indication précise des textes appliqués par le jugement ou l'arrêt et relevés dans le bulletin n° 1. »

9. Indépendamment du casier judiciaire dont nous venons de parler, il existe un autre casier judiciaire au parquet de chaque tribunal. Il est spécial aux condamnations prononcées pour ivresse, par le tribunal de simple police.

10. Depuis la loi de 1873, en effet, des bulletins n° 1 doivent être dressés par les greffiers des justices de Paix, à l'effet de constater ces sortes de condamnations.

11. Dans le cas où un prévenu viendrait à contester les condamnations mentionnées sur un bulletin le concernant, il y aurait lieu d'avoir recours aux jugements rendus.

Caution judicatum solvi.

1. Les prescriptions des articles 16 du code civil et 166 du code de procédure civile, qui exigent que l'étranger, demandeur dans un procès, fournisse la caution *judicatum solvi*, sont applicables à l'étranger qui se constitue partie civile en matière criminelle (Cass. 18 février 1846). Voici leurs dispositions : Art. 16 du Code civil : **En toutes matières, autres que celles de commerce, l'étranger qui sera demandeur, sera tenu de donner caution, pour le paiement des frais et dommages-intérêts résultant du procès, à moins qu'il ne possède en France des immeubles d'une valeur suffisante pour assurer ce paiement.** ›

Art. 166 du Code d'inst. crim. « **Tous étrangers, demandeurs principaux ou intervenants, seront tenus, si le défendeur le requiert, avant toute exception, de fournir caution de payer les frais et dommages-intérêts, auxquels ils pourraient être condamnés.** »

2. Tout étranger, quelle que soit sa nationalité, est soumis à cette règle, qui ne reçoit d'exception que dans les cas prévus par la loi ou les traités internationnaux.

3. Les ambassadeurs, le souverain même ne jouissent à cet égard, d'aucun privilège. (Boitard, t. II, p. 8. — Mourlon : Code de procédure civile, n° 334. — Rousseau et Laisné, v° caution, n° 2.)

4. Le bénéfice de l'assistance judiciaire ne saurait dispenser l'étranger de fournir caution (Seine, décembre 1868).

Chose jugée.

1. Un principe de notre droit criminel veut que tout individu, qui a été souverainement et légalement jugé, ne puisse être de nouveau poursuivi à raison de la même accusation. Peu importe qu'il ait été condamné ou absous.

2. « Non bis in idem » est une règle de droit public, à laquelle un prévenu ne peut renoncer et que le juge doit même appliquer d'office.

3. L'exception de la chose jugée est préjudicielle, en ce sens qu'elle ne peut être jointe au fond et que son examen doit précéder toute décision sur la forme et sur le fond.

4. Elle a, en effet, pour but d'éteindre, dans un intérêt supérieur, le droit du ministère public et d'élever un obstacle insurmontable à l'examen de la seconde poursuite.

5. Elle peut, par conséquent, être opposée en tout état de cause.

6. L'article 360 du Code d'inst. crim., qui dispose que **« toute personne acquittée légalement ne pourra plus être reprise ni accusée à raison du même fait »**, est placé sous le titre des affaires qui doivent être soumises au jury et ne s'applique textuellement qu'aux affaires criminelles proprement dites.

7. Cependant, il est hors de doute que la règle qu'il pose, s'étend aux arrêts et aux jugements rendus par les cours et tribunaux, en matière de police correctionnelle et de simple police (Cass. 1er avril 1813. — 29 nov. 1838).

8. Malgré les mots « acquittée légalement », employés par l'art. 360, les jugements rendus par les tribunaux incompétents et illégalement composés, ou encore en violation des formes légales, acquièrent l'autorité de la chose jugée, quand on n'a pas pris contre eux les voies de réformation ou de cassation ouvertes par la loi.

9. Ces jugements ne peuvent plus être cassés que dans l'intérêt de la loi ; c'est la règle générale. — Il existe bien des cas exceptionnels pour lesquels la loi a autorisé la cassation, au profit ou au préjudice des parties, mais nous n'avons pas à nous en occuper.

10. Plusieurs conditions sont nécessaires pour constituer la chose jugée :

1° Il faut qu'il existe une décision judiciaire qui ait le caractère d'un jugement et qui soit susceptible d'exécution ; en d'autres termes, il est nécessaire que les décisions rendues soient de véritables jugements, que les peines prononcées soient de véritables peines, admises par le Code pénal ou par nos lois criminelles, et dès lors susceptibles d'exécution.

2° Il faut que la décision soit devenue irrévocable ; tant qu'il existe une voie ouverte, soit au ministère public, soit aux parties, pour faire réformer ou annuler une décision ; ce jugement ou cet arrêt, n'a point l'autorité de la chose jugée.

3° Il faut qu'il y ait identité de délits.

11. L'identité des parties n'est pas, comme en matière civile, un élément nécessaire à l'exception. Cette différence tient à la nature même du rôle du ministère public, dont l'action s'exerce dans l'intérêt de la société.

12. Il suit de là, que l'action publique ne peut plus être mise en mouvement, dès qu'elle a été éteinte au regard du ministère public ; il y a donc chose jugée sur le fait lui-même, vis-à-vis de tous.

13. Dès lors, et, par voie de conséquence, l'exception de la chose jugée peut profiter à un prévenu autre que celui qui a été primitivement poursuivi, si la défense est la même dans les deux cas.

14. Sans examiner les trois hypothèses, passées en revue par Mangin, dans son traité de l'action civile, nous disons qu'il y a « même fait », suivant les termes de l'art. 360 du Code d'inst. crim., quand on se trouve en présence de faits identiques ou indivisibles.

15. Les décisions rendues en pays étranger n'exerçant en France aucune autorité, ne peuvent donner lieu à l'exception de la chose jugée, devant les tribunaux Français.

16. Dès lors l'étranger, condamné ou acquitté dans son pays, à raison de faits délictueux commis en France, peut, nonobstant cette condamnation ou cet acquittement, être poursuivi et jugé en France pour le même fait (Cass. 21 mars 1862).

17. C'est là une application du principe de la souveraineté territoriale qui, en autorisant la justice à réprimer les délits commis sur son territoire, même par des étrangers, fait obstacle à ce que son action, à l'égard de ces étrangers, puisse être arrêtée par les actes de la justice étrangère à raison des mêmes infractions.

18. La chose jugée au civil, n'exerce aucune influence sur l'action publique. Le jugement rendu au civil, les preuves produites devant cette juridiction ne lient pas le juge criminel.

19. C'est ainsi, par exemple, qu'un tribunal correctionnel peut décider qu'un prévenu est en état de faillite, alors que le tribunal civil s'est refusé à la déclarer.

20. Il n'y a d'exception à cette règle qu'en ce qui touche les questions préjudicielles, les questions d'État, de propriété et les nullités de brevets d'invention. Cass. 8 août 1857.

21. Nous n'avons pas à insister sur cet ordre d'idées ; nous nous bornerons à indiquer que la chose jugée au criminel n'exerce d'influence sur le civil que quand elle exclut l'existence du fait même sur lequel est basée l'action civile.

22. La chose jugée au criminel ne s'oppose pas à l'exercice de l'action disciplinaire.

23. C'est en vertu de ce principe absolu qu'un délit d'audience, commis par un officier ministériel, peut, pour un fait unique, être puni correctionnellement et disciplinairement.

Circonstances atténuantes.

1. La loi n'a pas défini les circonstances atténantes.

Elles comprennent toutes les causes d'atténuation que la loi n'a pas spécialement prévues.

2. L'article 463 du Code pénal, qui règle cette matière, est ainsi conçu :

« **Dans tous les cas où la peine de l'emprisonnement et celle de l'amende sont prononcées par le Code pénal, si les circonstances paraissent atténuantes, les tribunaux correctionnels sont autorisés, même en cas de récidive, à réduire l'emprisonnement même au dessous de six jours et l'amende au-dessous de seize francs ; ils peuvent même prononcer séparément l'une ou l'autre de ces peines, et aussi substituer l'amende à l'emprisonnement, sans qu'en aucun cas elle puisse être ou-dessous des peines de simple police. »**

3. Cet article est applicable seulement lorsqu'il s'agit de contraventions ou délits prévus, soit par le Code pénal, soit par les lois spéciales qui donnent expressément aux juges le droit d'y recourir (Cass. 28 mars 1857, 4 juin 1861, 2 avril 1869).

4. Le Code Forestier, la législation en matière de douanes, de contributions indirectes, de poudres, la loi sur la chasse... repoussent cette application (voir en outre *in fine*).

5. Le bénéfice de l'art. 463 peut être accordé à un prévenu qui fait défaut. (Cass. 1er décembre 1822).

6. Il n'est pas nécessaire de spécifier les circonstances atténuantes, (Cass. 29 avril 1837) ni de les motiver.

7. Mais leur existence doit être constatée par le jugement, soit littéralement, soit par une exposition de faits qui peut y suppléer (Cass. 4 septembre 1841).

8. En cas de circonstances atténuantes, pour un délit emportant à la fois l'emprisonnement et l'amende, le juge peut ne faire porter la réduction que sur l'une de ces deux peines (Cass. 2 décembre, 4 novembre 1865).

9. Lorsque les juges admettent des circonstances atténuantes pour un délit dont la seule peine édictée par la loi est l'emprisonnement, cette amende ne peut excéder le minimum des amendes correctionnelles. — Cassation : 10 janvier 1866.—Douai, 19 mai 1858.—Limoges, 14 août 1874.

10. Cependant quelques arrêts. — Douai, 22 mai 1852. — Poitiers, 18 juillet 1861 ont pu décider que, dans ce cas spécial, le juge n'est pas tenu d'appliquer le minimum de l'amende, mais qu'il peut toujours se mouvoir entre le minimum et le maximum de cette peine en matière correctionnelle.

11. En vertu de l'art. 463, les tribunaux peuvent ne pas prononcer contre le condamné, l'interdiction des droits mentionnés en l'art. 42 et dans les art. 109, 187 et 197 du Code pénal.

12. Mais ils ne peuvent jamais se dispenser de prononcer la confiscation, qui n'est pas une peine, mais une précaution, prise par la loi, pour retirer de la circulation l'instrument d'une contravention ou d'une fraude (Cass. 4 octobre 1839).

13. N'est pas susceptible d'être réduite, à raison des circonstances atténuantes, l'amende pour vente de poudre à feu, pour fausse monnaie ou pour faux en écriture, ou pour destruction d'édifices appartenant à autrui...

14. De même, le bénéfice des circonstances atténuantes ne pouvait être accordée à la femme adultère que les tribunaux civils condamnaient à la réclusion dans une maison de correction, conformément à l'art. 308 du Code civil. Cette pénalité est aujourd'hui abrogée.

15. Une innovation, empruntée aux lois antérieures sur la Presse, a été introduite en cette matière, par la loi du 29 juillet 1881, qui dispose que « lorsqu'il y a lieu à l'application de l'art. 463 du Code pénal, **la peine prononcée ne pourra excéder la moitié de la peine édictée par la loi.** » Art. 64.

16. Les tribunaux ne peuvent donc pas, comme en matière ordinaire, arbitrer la peine entre le minimum et le maximum. Ils sont astreints, dans cette matière spéciale, à appliquer l'espèce de gradation établie par la loi.

17. Dans certains cas, les circonstances atténuantes ne peuvent pas être admises par les tribunaux. Voici les principaux : Adultère (séparation de corps pour cause d'). — Boulangerie (contravention à l'édit de février 1776). — Délit rural (art. 2 de la loi thermidor, an IV). — Effets militaires (achat d').— Faillite (stipulations illicites entre failli et créancier). — Forêts (203 Code for.). — Huissier (remise des exploits). — Lest (jet dans la mer du lest d'un bâtiment). — Pharmacie (loi du 25 avril 1777). — Exercice illégal de la médecine (loi du 19 ventose an XI et loi du germinal an XI). — Police rurale (loi du 6 octobre 1791). — Poudre de guerre (fabrication ou détention de), (loi de fructidor an V).— Recrutement (pour les amendes seulement). — Substances vénéneuses (vente de). — Vol ou maraudage dans les bois...

Citation à prévenu.

1. *La citation est l'assignation donné au prévenu de comparaître devant le juge de répression.*

2. Les citations sont données, à la requête du ministère public près le tribunal devant lequel le prévenu est cité, lorsque les poursuites ont lieu d'office, ou à la requête des parties civiles (voir v° action publique, action civile et parties civiles).

3. Le Code d'inst. crim. a réglé la forme des citations en matière correctionnelle. Les art. 183 et 184 indiquent deux formalités :

« **1°** **La citation doit énoncer les faits.** »

« **2°** **Il doit y avoir un délai de trois jours, outre un jour par 3 myriamètres, entre la citation et la date fixée pour la comparution.** »

4. Il faut que le prévenu soit suffisamment désigné, qu'aucun doute ne puisse s'élever sur sa personne (Cass. 24 mai 1879).

5. La citation doit, en outre, énoncer les faits et l'objet qui lui servent de base. Il faut, en effet, que par l'énonciation des faits, le tribunal puisse juger avec certitude qu'il est compétemment saisi, et que le prévenu sache pourquoi il est poursuivi et sur quoi il doit préparer sa défense (Nancy, 15 mars 1832).

6. Le prévenu est cependant non recevable à se plaindre que la citation n'énonce pas les faits, s'il est cité à la suite d'une instruction régulière (Cass. 2 août 1883), ou si le procès verbal, constatant le délit, lui a été préalablement notifié (art. 172 du Code forestier et 49 de la loi de 1829).

7. Néanmoins et spécialement en matière de délit de presse, la citation doit contenir l'indication et la qualification des faits poursuivis et l'énonciation des textes de loi applicables (art. 60 de la loi de 1881).

8. Les citations peuvent être posées un jour férié (Cass. 25 novembre 1875).

9. Quant aux autres formes de la citation, on peut emprunter les règles du Code de procédure civile ; mais celles-ci ne sauraient entraîner, en matière correctionnelle, les nullités prévues pour les exploits en matière civile.

10. Le moyen de nullité de la citation doit, en vertu du principe de droit commun posé par l'art. 173 du Code de procédure civile, être proposé avant toutes défenses et exceptions, autres que les exceptions d'incompétence.

11. Ce moyen ne saurait être relevé d'office, ni être présenté, pour la première fois, en appel ou en cassation, alors que le prévenu a comparu sans élever aucune réclamation.

12. Particulièrement, la citation, donnée à la requête de la partie civile, doit, aux termes de l'article 183 du Code d'inst. crim., **contenir élection de domicile dans la ville ou siège le tribunal.**

13. Quand c'est une administration publique, la citation doit être donnée à la requête du directeur général (Cass. 21 mars 1848).

14. La citation donnée au prévenu par le ministère public ou par la partie civile, interrompt la prescription, alors même qu'elle a été donnée devant un juge incompétent.

15. Cette solution se déduit, pour la citation du ministère public, des articles 192 et 193 du Code d'inst. crim. qui, prévoyant l'incompétence du tribunal, n'ordonnent pas, contrairement aux dispositions de l'art. 191, que la citation soit annulée.

16. Pour la partie civile, on étend à son action les principes de l'article 2246 du Code civil. Il est juste qu'elle ait autant de protection devant le tribunal correctionnel que devant la juridiction civile (Cass. 5 mai et 27 février 1865).

17. Une citation donnée à trop bref délai n'étant pas nulle, interrompt la prescription ; il en est de même, d'une citation donnée pour un jour autre qu'un jour d'audience correctionnelle.

18. Mais la citation, nulle pour vice de forme, ne peut interrompre la prescription. Les dispositions de l'article 2247 du Code civil s'appliquent aux matières correctionnelles.

19. Dès lors, si la citation annulée n'est pas renouvelée avant le terme de la prescription, celle-ci est acquise au prévenu.

20. Les citations ont lieu par ministère d'huissier (art. 1er de la loi des 5 et 15 pluviôse, an XIII).

21. Néanmoins, celles données à la requête du ministère public peuvent être valablement signifiées par tous les agents de la force publique, même par les gendarmes (Circ. min. du 10 vend. an IV. — Loi du 5 pluviôse, an XIII, art. 1), en cas d'absolue nécessité (art. 107 du décret du 1er mars 1854).

22. En matière d'eaux et forêts, les citations peuvent être notifiées par les gardes forestiers. (Décret du 18 juin 1811, art. 71, n° 1 et art. 83).

Compétence correctionnelle.

1. On entend par ces mots, la mesure d'attributions dévolues aux tribunaux correctionnels.

2. D'une manière générale, ceux-ci ont pour mission de statuer sur toutes les infractions punies de plus de cinq jours d'emprisonnement et d'une amende supérieure à quinze francs.

3. Néanmoins, ils connaissent de toutes les contraventions forestières, quelque modique que soit la peine à prononcer, lorsqu'elles sont poursuivies à la requète de l'administration et du ministère public.

4. Telles sont les dispositions de l'art. 179 du Code d'inst. crim. :

« Les tribunaux de 1e instance connaîtront, sous le titre de tribunaux correctionnels, de tous les délits forestiers poursuivis à la requète de l'administration, et de tous les délits dont la peine excède cinq jours d'emprisonnement et quinze francs d'amende. »

L'art. 171 du Code forestier confirme cette règle :

« Toutes les actions et poursuites exercées au nom de l'administration générale des forêts, à la requète de ses agents, en réparation de délits ou contraventions en matière forestière, sont portées devant les tribunaux correctionnels, lesquels sont seuls compétents pour en connaître. »

5. La poursuite de toutes les infractions punies de peines prévues par l'art. 179 du Code d'inst. crim., alors même qu'elles sont dénommées contraventions (en ce qu'elles existent malgré la bonne foi), appartient aux tribunaux correctionnels.

6. Il en est ainsi en matière de chasse, de pêche, de contributions indirectes, de contraventions aux règlements sur la médecine et la chirurgie.

7. Au point de vue territorial, la compétence des tribunaux correctionnels existe :

1° A raison du domicile du prévenu.

2° A raison du lieu du délit.

3° A raison du lieu de la capture.

8. La loi n'a établi nulle part de règles précises à cet égard. Mais il est admis, d'une manière unanime, que la compétence des tribunaux est régie par les prescriptions qui sont édictées pour la juridiction des Procureurs de la République et des juges d'instruction.

Voici les textes relatifs à cette compétence :

Art. 23 du Code d'inst. crim. : « Sont compétents le Procureur de la République du lieu du crime ou délit, celui de la résidence du prévenu et celui du lieu où le prévenu pourra être trouvé. »

Art. 63 du Code d'inst. crim. : « Toute personne, qui se prétendra lésée par un crime ou un délit, pourra en rendre plainte, et se constituer partie civile, devant le juge d'instruction soit du lieu du crime ou délit, soit du lieu de la résidence du prévenu, soit du lieu où il pourra être trouvé. »

Art. 69 du Code d'inst. crim. : « Dans le cas où le juge d'instruction ne serait ni celui du crime ou du délit, ni celui de la résidence du prévenu, ni celui du lieu où il pourra être trouvé, il renverra la plainte devant le juge d'instruction qui pourrait en connaître. »

9. Cette triple compétence existe concurremment. Aucune d'elles n'a de prééminence sur les deux autres, bien qu'en réalité le juge du lieu du délit doive être préféré, pour la facilité des preuves.

10. La compétence territoriale d'un tribunal correctionnel n'a d'autres bornes que l'arrondissement, tel qu'il a été limité par les lois de l'Etat, et l'on ne peut exciper d'un arrêté préfectoral qui aurait irrégulièrement rattaché à un autre arrondissement une fraction de commune légalement attribuée à la circonscription primitive et permanente du tribunal (Cassation 1ᵉʳ juin 1867).

11. En matière criminelle, on doit entendre par domicile le lieu de la résidence du prévenu ; cette résidence serait-elle temporaire.

12. Il a même été jugé que le lieu où un prévenu se trouve en détention peut être considéré, au point de vue de la compétence, comme le lieu de la résidence (Cass. septembre 1834).

13. Le juge de la résidence est celui où le prévenu demeure au moment de la plainte, quand bien même il aurait eu un autre domicile lors du délit.

14. Si le délit poursuivi présente des faits complexes, le tribunal compétent est celui où s'est accompli le dernier fait qui a consommé le délit.

15. Ainsi, en matière d'abus de confiance, le tribunal du lieu où a été signifiée la mise en demeure restée sans effet, sera seul compétent, à l'exclusion du tribunal du lieu où ont été remises les sommes détournées (Cass. 5 décembre 1862. — 10 août 1868). — De même, en matière d'escroquerie, c'est le tribunal du lieu où la remise des fonds a été opérée qui sera compétent et non celui du lieu où ont été pratiquées les manœuvres frauduleuses. La remise des fonds, en effet, est l'élément caractéristique du délit (Colmar, 27 janvier 1824).

16. A l'égard des délits successifs (séquestration, association de malfaiteurs....) sont compétents pour les poursuivre, les tribunaux de tous les lieux où ces faits se sont perpétrés.

17. Dès qu'un individu a été trouvé et arrêté dans un lieu, la juridiction répressive de ce lieu est complètement saisie de l'appréciation des faits délictueux commis dans un autre ressort.

18. Ici, c'est la capture qui est attributive de compétence.

19. Mais, si le prévenu a été transféré dans un lieu de détention, autre que celui de son arrestation, le tribunal de ce lieu est compétent à son tour.

20. Les règles de compétence peuvent être modifiées par les effets de la connexité ou de l'indivisibilité des délits.

21. Les frontières du territoire peuvent être étendues, au point de vue juridique, dans diverses hypothèses.

22. C'est ainsi que les tribunaux correctionnels sont compétents pour connaître des délits qui se commettent, 1° dans les lieux où flotte le drapeau français, 2° dans un rayon de deux lieues au-delà des rivages de la mer, 3° sur les vaisseaux français qui se trouvent dans les ports étrangers.

23. Nous nous bornons à indiquer sommairement cette triple fiction, dont l'examen donnerait lieu à des développements trop longs et d'une application assez rare.

24. Dans le même ordre d'idées, les tribunaux français sont compétents, au point de vue territorial, à l'égard des gens de mer, qui commettent des délits à bord de leurs bâtiments, dans les ports, rades ou baies français.

25. Il a été notamment jugé, que cette compétence s'étendait aux délits commis à bord des navires étrangers, stationnant dans un port français, même par les gens de l'équipage entr'eux, alors surtout que l'autorité Française a été réclamée ou que le délit était de nature à troubler la tranquilité publique (Cass. 25 février 1859).

26. La France, ayant un droit de suzeraineté sur la vallée d'Andorre, a juridiction sur le français qui y commet un crime.

27. La compétence correctionnelle s'affirme aussi « ratione personæ ».

28. Le principe général, en cette matière, est que tout prévenu, quelle que soit sa qualité, est soumis à la compétence du juge d'instruction et du Procureur de la République, et, par suite de celle du tribunal correctionnel.

29. Exceptionnellement, certaines personnes sont soustraites à la juridiction de droit commun, à raison de leurs fonctions.

30. Tels sont les membres des pouvoirs publics, les membres de l'ordre judiciaire (voir v° action publique) et les militaires des armées de terre et de mer, qui jouissent d'un privilège de juridiction.

31. Les infractions commises par les militaires sous les drapeaux sont jugées par les conseils de guerre ou par les tribunaux maritimes. — Sont également justiciables des tribunaux militaires, les membres de l'intendance militaire et les individus assimilés aux militaires.

32. Mais les militaires en congé relèvent de la juridiction des tribunaux ordinaires, pour les délits de droit commun (Cass. 6 fév. 1858).

De même, les infractions commises par les militaires, aux lois sur la chasse, sur la pêche, les douanes, les contributions indirectes, l'octroi, les forêts, la grande voirie sont soumises aux tribunaux ordinaires (art. 273 du Code de justice militaire.)

33. Enfin, pour les délits en matière sanitaire, seuls, les tribunaux correctionnels sont compétents, à l'exclusion des tribunaux maritimes (Cass. 14 novembre 1860).

34. Toutes les fois que la qualité du prévenu détermine spécialement la juridiction à laquelle il appartient, le tribunal doit fixer sa compétence d'après la qualité que le prévenu avait lors de la perpétration du délit, soit qu'il ait perdu ultérieurement cette qualité, soit qu'il en ait acquis une autre.

35. Ainsi, le militaire, qui a commis un délit pendant qu'il était au service, doit être jugé par le conseil de guerre, quoiqu'il ait perdu, lors du jugement, sa qualité de militaire. (Cass. 18 juin 1824).

36. C'est à bon droit que la juridiction correctionnelle, en se déclarant incompétente pour connaître un des faits qui lui étaient déférés, ce fait présentant le caractère de crime, retient la connaissance d'un délit dont elle est saisi en même temps.

37. Peu importe la connexité qui peut lier ces deux faits, du moment qu'ils ne sont pas indivisibles. (Cass. 1er mars 1884).

38. En principe, la cour d'assises est le juge d'attribution de toutes les infractions en matière de presse : ce n'est que pour des cas exceptionnels que certains faits sont renvoyés devant le tribunal correctionnel.

39. L'art. 45 de la loi du 29 juillet 1881, après avoir affirmé ce principe, énonce les infractions dont peuvent connaître les tribunaux de police corectionnelle.

Nous n'avons pas à entrer dans l'examen des divers cas prévus.

40. Aucune distinction ne doit cependant être faite entre les règles du droit commun et celles qui sont applicables à cette matière spéciale, pour la compétence territoriale.

41. Il n'est pas sans intérêt de faire remarquer, à ce sujet, que l'on doit considérer comme lieu du délit, non seulement le lieu où l'écrit aura été imprimé, mais aussi tous ceux où il aura été publié, c'est-à-dire vendu, distribué, exposé... etc.

42. Les tribunaux correctionnels peuvent, dans une certaine mesure, connaître des contraventions de simple police.

43. Le cas est prévu par l'art. 192 du code d'inst. crim., qui est ainsi conçu : «**Si le fait n'est qu'une contravention de police, et si la partie publique ou la partie civile n'a pas demandé le renvoi, le tribunal appliquera la peine, et statuera, s'il y a lieu, sur les dommages-intérêts**».

44. La question de savoir si le prévenu peut, malgré le silence de la loi, décliner, dans ce cas, la compétence du tribunal correctionnel, est vivement discutée en doctrine et en jurisprudence.

45. Une distinction doit, d'après nous, être faite.

46. Il nous semble incontestable, en vertu du principe supérieur qui règle les juridictions, que le prévenu a le droit de demander son renvoi devant le juge de simple police, quand il résulte des termes mêmes du libellé de la citation que l'infraction, poursuivie contre lui devant le tribunal de police correctionnelle, n'est en réalité qu'une contravention de simple police. (Cass. 30 janvier 1885).

47. Nous ne saurions comprendre, en effet, comment en l'absence d'un texte formel, on pourrait priver le prévenu du droit de jouir des deux degrés de juridiction établis par la loi.

48. Mais il est bien entendu que le prévenu doit présenter son moyen de déclinatoire *in limine litis*, sans laisser instruire le débat ou plaider au fond.

49. L'article 192 recevra donc, selon nous, son application dans le cas unique où le fait, qui est l'objet de la prévention, a été qualifié délit dans l'assignation et n'a revêtu le caractère d'une simple contravention qu'à la suite des débats.

50. Nous ajoutons, pour mémoire, que, dans ce cas spécial, le jugement du tribunal correctionnel est — ainsi que nous l'avons déjà dit — en dernier ressort. Il ne peut donc être attaqué que par le recours en cassation.

51. Cette règle doit également s'appliquer aux condamnations pécuniaires (amendes, dommages-intérêts), que le tribunal correctionnel a pu prononcer contre le prévenu, en réparation de l'infraction dont il a été saisi, aux termes de l'article 192.

52. Pour toutes les matières ou à l'égard de personnes qualifiées qui ne relèvent pas de sa juridiction, le tribunal correctionnel doit se déclarer incompétent.

53. Les règles sur la compétence, étant d'ordre public, ne sauraient être enfreintes par suite du silence des parties ou même de leur acquiescement formel.

54. En conséquence, si les termes de la citation ou de l'ordonnance de renvoi visent un militaire, par exemple, ou présentent le fait comme pouvant entraîner une peine afflictive et infamante, le tribunal doit se dessaisir, dès que la lecture en a été faite. (Toulouse, 3 juin 1841).

55. L'art. 193 du code d'inst. crim. est formel : « Si le **fait est de nature à mériter une peine afflictive ou infamante, le tribunal.... renverra le prévenu devant le juge d'instruction compétent.** »

56. Le renvoi doit être fait au juge d'instruction. (Cass. 18 juin 1837). Mais il ne peut se produire qu'au cas où l'action a été introduite par voie de citation directe.

57. Si le tribunal a été saisi par ordonnance du juge d'instruction, ou par la chambre des mises en accusation, il ne peut que déclarer son incompétence et délivrer, s'il y a lieu, un mandat de dépôt. C'est un principe constant. (Cass. 12 décembre 1861, Roll. de Vill. art. 193).

58. Les mandats doivent être délivrés par le tribunal entier et non par le Président seul.

59. Il n'y a pas lieu de se préoccuper de savoir si le déclinatoire d'incompétence doit être proposé, comme en matière civile, avant toute autre exception ou défense. Il peut être proposé et accueilli en tout état de cause soit en appel, soit devant la cour de cassation.

Complicité

1. *La complicité est, en général, la participation directe ou indirecte, avec connaissance de cause, à un fait coupable dont un autre est l'auteur principal.*

2. Les principaux caractères de la complicité se reconnaissent à ces circonstances, qu'elle n'est qu'accessoire au fait principal qui doit d'abord être reconnu et constaté, qu'elle n'a qu'un rôle auxiliaire, mais positif, non équivoque, ni alternatif, ordinairement antérieur ou concommittant au délit, et essentiellement intentionnel. (Dalloz, v° complicité).

3. La jurisprudence persiste à ne point appliquer les règles de la complicité aux simples contraventions (Cass. 21 avril 1826).

4. Les complices de contraventions ne sont punissables que si un texte de loi formel le déclare, comme le fait notamment l'art. 479, § 3, pour les complices de tapages injurieux et nocturnes. (Cass. 26 décembre 1857, 13 avril 1861).

5. Les faits qui constituent la complicité sont :

La provocation (art. 60 du Code pénal, § 1er).

Les instructions (id.)

La fourniture d'armes et d'instruments (Art. 60, § 2).

L'aide et l'assistance (art. 60, § 3).

Le recel des malfaiteurs (art. 61).

Le recel des objets détournés (art. 62).

6. Ces cas sont limitativement énoncés dans ces trois articles du Code pénal.

7. En matière de presse, il existe, en outre de la complicité ordinaire dont nous venons de parler, une complicité spéciale, définie par l'art. 23 de la loi du 29 juillet 1881 ;

« Sont aussi punis comme complices d'une action qualifiée crime ou délit ceux qui, soit par des discours, cris ou menaces proférés dans des lieux ou réunions publics, soit par des placards ou affiches exposés aux regards du public, auront directement provoqué l'auteur ou les auteurs à commettre ladite action, si la provocation a été suivie d'effet... »

8. De son côté, l'art. 43 de cette même loi règle, en quelque sorte, l'échelle de la complicité, en matière de presse :

« Lorsque les gérants ou les éditeurs sont en cause, les auteurs seront poursuivis comme complices.

Pourront l'être, au même titre et dans tous les cas, toutes personnes auxquelles l'article 60 du Code pénal pourrait s'appliquer. Ledit article ne pourra s'appliquer aux imprimeurs pour faits d'impression, sauf dans le cas et les conditions prévus par l'art. 6 de la loi du 7 juin 1848, sur les attroupements. »

9. Les auteurs sont toujours considérés comme complices, et ils doivent être poursuivis, à ce titre, avec les gérants ou les éditeurs, lorsque ceux-ci sont en cause comme auteurs principaux.

10. En ce qui concerne les imprimeurs, la loi les affranchit de toute complicité, à raison du fait de l'impression des écrits délictueux, sauf dans le cas de provocation à un attroupement, prévu par la loi de 1848 ; ils ne peuvent être retenus comme complices qu'à raison des faits étrangers à l'impression, pourvu que ces faits rentrent dans les conditions de la complicité légale prévues par l'art. 60 du Code pénal.

11. Aux termes d'une circulaire du ministère de la justice, en date du 9 novembre 1881, les vendeurs, distributeurs ou afficheurs, pour les faits de vente, de distribution et d'affichage, ne devront pas être poursuivis comme auteurs principaux, mais ils pourront l'être comme complices, conformément au droit commun, dans le cas où ils auront vendu, distribué ou affiché les écrits délictueux, en connaissance de cause.

12. Cette circulaire ajoute que c'est là la disposition que l'art. 22, (qu'il faut combiner avec l'art. 43), édicte formellement en ce qui concerne les colporteurs et distributeurs. Cet article est ainsi conçu :

Art. 22. « **Les colporteurs et distributeurs pourront être poursuivis conformément au droit commun, s'ils ont sciemment colporté ou distribué des livres, écrits, brochures, journaux, dessins, gravures, lithographies et photographies, présentant un caractère délictueux, sans préjudice des cas prévus par l'art. 42.** »

13. On pourra avec utilité se reporter à l'ouvrage de M. Fabreguette, n°⁵ 1820, 1821. pour l'indication des espèces, en matière de complicité.

14. Au surplus, la poursuite des complices n'est pas subordonnée à la présence ou à la mise en cause de l'auteur principal.

15. Le complice peut donc être poursuivi, alors même que l'auteur principal est en fuite, décédé et même, lorsqu'il n'est pas connu et a été acquitté.

16. Enfin, aux termes de l'art. 59 du Code pénal : « **Les complices d'un crime ou d'un délit seront punis de la même peine que les auteurs même de ce crime ou de ce délit, sauf les cas où la loi en aurait disposé autrement.** »

17. La juridiction devant laquelle doit comparaître le complice est déterminée par celle de l'auteur principal, à moins que celui-ci ne soit justiciable d'un tribunal spécial ou exceptionnel, auquel cas ils doivent être renvoyés tous les deux devant les tribunaux ordinaires.

Compte rendu des débats judiciaires.

Compétence, 5, 6.	Liberté, 1, 3.	Restriction, 2, 4, 7, 8, 9, 10.
Dommages-intérêts, 4.	Poursuites, 11.	

1. Sans entrer dans l'historique de cette question, il nous paraît utile de mentionner, que la loi du 29 juillet 1881 a formellement admis le principe de la liberté du compte rendu des débats judiciaires.

2. Les articles 38 et 39 de cette loi indiquent seulement les restrictions apportées à ce principe, qui résulte plus encore de la publicité des audiences judiciaires que de la liberté de la presse.

3. C'est dans l'art. 41, § 3, qu'il se trouve formulé :

« **Ne donneront lieu à aucune action en diffamation, injures ou outrages, le compte rendu fidèle fait de bonne foi des débats judiciaires...** »

4. Il s'ensuit qu'un compte rendu infidèle et de mauvaise foi peut motiver une demande en dommages-intérêts.

5. Cette demande sera portée, non devant le tribunal qui a connu l'affaire publiée, mais devant les tribunaux ordinaires.

6. Dès lors, bien que le débat, qui a fait l'objet du compte rendu, se soit produit devant un tribunal administratif, de commerce, militaire, ou même devant une cour d'assises, les tribunaux correctionnels, seuls, sont compétents pour statuer sur la responsabilité résultant du compte-rendu infidèle, injurieux ou diffamatoire.

7. Les prohibitions apportées à ce principe par les art. 38 et 39 de la loi du 29 juillet 1881, sont les suivantes :

Art. 38 : « **Il est interdit de publier.... tous actes de procédure correctionnelle avant qu'ils aient été lus en audience publique.** »

Art. 39 : « **Il est interdit de rendre compte des procès en diffamation où la preuve des faits diffamatoires n'est pas autorisée. La plainte seule pourra être publiée par le plaignant.....** »

8. Cette dernière prohibition est générale. Elle atteint les débats qui ont lieu, soit devant la juridiction civile, soit devant la juridiction correctionnelle, soit même devant la cour de cassation.

9. A ces prohibitions, il faut ajouter celle qui résulte de la prononciation du huis-clos. Ainsi donc, dans les affaires correctionnelles, où le huis-clos aura été prononcé, toute publication est interdite.

10. Mais, dans cette dernière hypothèse, comme dans celles qui précèdent, tous jugements, (préparatoires, par défaut, définitifs, sur incident...) peuvent être publiés. « .... **Les jugements pourront toujours être publiés** », dit l'art. 39, *in fine*.

11. En cas de contravention dûment constatée, le ministère public, tout aussi bien que la partie civile, a le droit d'agir.

Confiscation.

1. *On entend par ce mot la main-mise sur les objets saisis à la suite d'un délit ou d'une contravention.*

2. L'art. 11 du Code pénal porte que : « **La confiscation spéciale, soit du corps du délit quand la propriété en appartient au condamné, soit des choses**

produites par le délit, soit de celles qui ont servi ou qui ont été destinées à le commettre est une peine commune aux matières criminelles ou correctionnelles.»

3. La confiscation spéciale est aussi une peine de simple police.

4. Elle peut frapper, aux termes de l'article 470 du Code pénal, « les choses saisies en contravention, les choses produites par la contravention, les matières ou instruments qui ont servi ou étaient destinées à la commettre. »

5. La confiscation est encore prononcée pour certains délits et contraventions par diverses lois spéciales.

6. Doivent être confisqués :

Les denrées dont trafiquerait un fonctionnaire (176 C. P.)

Les choses livrées pour corrompre un fonctionnaire (180 C. P.)

Les écrits, dessins,... incriminés par les lois (314 C. P. art. 1er, loi du 24 mai 1834 et loi du 29 juillet 1881) ; — Les poudres et munitions de guerre saisies. (Loi du 13 fructidor, an V, — loi du 24 mai 1834, art. 3).

Les armes (chasse sans permis ou en temps prohibé) (loi de 1844).

Les boissons falsifiées (218, 477 C. P.), mais non les comestibles gâtés, corrompus ou nuisibles, qui doivent être détruits (477 C. P.)

Les choses reçues pour faire un faux témoignage (364 C. P.)

Les fonds ou effets exposés au jeu ou mis à la loterie, les meubles, instruments, etc... (410, 477 C. P.) ; — les instruments des pronostiqueurs (481 C. P.)

Les marchandises, ouvrages, recettes, etc. qui sont le produit d'une contrefaçon quelconque (413, 427, 428 C. P.)

Les faux poids et les fausses mesures (481 C. P.) et les marchandises sur le poids ou la qualité desquelles l'acheteur est trompé (423 C. P.)

Les navires avec cargaison au cas de baraterie (loi du 10 avril 1825).

Les marchandises prohibées saisies à la frontière, avec les moyens de transport (loi du 22 août 1791, tit. 10, art. 23).

Les ouvrages d'or et d'argent marqués de faux poinçons (loi du 19 brum. an VI).

Les boissons, tabacs, poudres et salpêtres, etc..., fabriqués, débités ou transportés en fraude ou en contravention (loi du 28 avril 1816).

Les objets trouvés en délit dans une forêt, tels que bois coupés ou arrachés, instruments tranchants, etc... (198 C. F. — Cass. 19 juin 1821.

Les armes saisies sur les individus surpris dans les attroupements (art. 7. Loi du 10 avril 1831).

Les filets et engins de pêche prohibés et le poisson pêché en contravention (art. 5, 41 et 42 de la loi du 15 avril 1829).

Toutes les marchandises neuves mises en vente à cri public, soit aux enchères, soit au rabais ou à prix fixe (art. 1 et 7 de la loi du 25 juin 1841).

7. La confiscation n'a jamais lieu de plein droit ; elle doit être prononcée par le jugement de condamnation.

8. Mais elle peut être demandée et poursuivie contre les héritiers du contrevenant, si celui-ci est décédé.

9. Elle n'est pas, comme l'amende, susceptible de remise ou de modération, par application de l'art. 463 du Code pénal.

10. La confiscation doit porter sur l'objet même que désigne la loi et ne peut être convertie en une somme d'argent, qui n'atteindrait pas le but de la peine (Cass. 25 mars 1828), à moins de disposition expresse du législateur.

11. Pour qu'elle ne soit pas illusoire, il faut que les armes et instruments du délit qui seront déposés au greffe ne soient pas hors de service.

— C'est dans ce but que la circulaire ministérielle du 9 mai 1844 engage les tribunaux à ordonner la confiscation et le dépôt au greffe des objets décrits par les agents verbalisateurs.

12. En principe, la confiscation ne peut être prononcée contre celui qui est acquitté (Cass. 19 avril 1833), ni contre le délinquant demeuré inconnu (Cass. 21 juillet 1838).

13. Cependant, elle peut être prononcée dans certains cas, même quand le délinquant est acquitté. On la considère alors, moins comme une peine, que comme une condamnation civile ; telles sont les dispositions des articles 23 du titre II de la loi du 22 août 1791 et 109 de la loi du 19 frimaire, an VI.

Conflit.

1. Il y a deux sortes de conflit : le conflit d'attribution et le conflit de juridiction.

2. *Le conflit d'attribution est le différend relatif à la compétence, qui se produit entre l'autorité administrative et l'autorité judiciaire, lorsque chacune d'elles réclame la connaissance d'une affaire ou refuse d'en connaître. — Dans le premier cas, il est dit positif ; dans le second, négatif.*

3. Suivant l'art. 2 de l'ordonnance du 1ᵉʳ juin 1828. « **Le conflit positif en matière correctionnelle ne pourra être élevé que dans deux cas :**

4. 1° **Lorsque la répression du délit est attribuée par une disposition législative à l'autorité administrative.**

Ce qui a lieu pour les contraventions de grande voirie et de roulage (loi du 29 floréal, an X. — Décrets du 23 juin 1806, 23 avril 1807 et 2 février 1808).

5. 2° **Lorsque le jugement à rendre par le tribunal dépendra d'une question préjudicielle dont la connaissance appartiendrait à l'autorité administrative, en vertu d'une disposition législative ; dans ce dernier cas, le conflit ne pourra être élevé que sur la question préjudicielle.** »

Ce qui peut exister pour certains délits de voirie urbaine ou vicinale, délits forestiers, délits de pêche, etc.

6. On ne peut pas élever de conflit devant le tribunal de simple police.

7. L'autorité préfectorale, seule, peut élever le conflit, soit d'office, soit sur l'invitation du ministre.

8. Le conflit n'est efficace que s'il est élevé et régularisé avant que la décision définitive ait acquis l'autorité de chose jugée.

9. Mais si le conflit n'avait pas été élevé en première instance, il pourrait l'être cependant devant la cour d'appel, au moment de l'appel sur le fond.

10. Les formes de procéder sont clairement tracées dans les articles 5 et suivants de l'ordonnance du 1er juin 1828. Il est inutile de les reproduire ici.

11. Les règles relatives à la procédure à suivre sont indiquées, pour l'Algérie, dans un arrêté du Président de la République du 5 décembre 1848, et, pour les colonies, dans les ordonnances des 30 août 1828 et 26 février 1838.

12. *Le conflit négatif se présente quand un tribunal judiciaire et un tribunal administratif se sont déclarés tous deux incompétents.*

13. C'est improprement qu'on se sert, dans cette circonstance, du mot *conflit*, car il n'y a, en réalité, ni lutte, ni collision entre des pouvoirs rivaux, chacun d'eux se retirant et cédant le pas à l'autre.

14. Le conflit positif se distingue du conflit négatif, en ce sens que dans ce dernier, l'intérêt public n'est pas en jeu. Aux parties intéressées il appartient de saisir le tribunal compétent; elles seules aussi ont le droit de recourir au tribunal des conflits.

15. Le règlement des conflits d'attribution (positif ou négatif) est réservé au tribunal des conflits (loi du 24 mai 1822).

16. *Il y a conflit de juridiction, lorsque le différend s'élève entre deux corps appartenant tous les deux au même pouvoir.*

17. Il est positif, quand deux juridictions de même ordre se sont déclarées compétentes pour connaître du même litige.

18. Il est négatif, lorsque deux tribunaux se sont déclarés incompétents. La question de compétence peut être tranchée par la voie de l'appel, sinon il faut former un recours en règlement de juges.

19. C'est la juridiction supérieure qui tranche le conflit qui s'est élevé entre deux juridictions de même ordre, à la condition, toutefois, que celles-ci soient du ressort de la juridiction qui doit statuer. — Dans le cas contraire, il faut recourir à un règlement de juges.

20. Lorsque l'affaire est renvoyée devant l'un des tribunaux qui s'étaient déclarés incompétents, elle doit être portée devant d'autres juges.

Connexité

1. *La connexité n'est autre que le rapport qui lie entre elles deux ou plusieurs affaires et qui les rend susceptibles d'être décidées par un même jugement.*

2. D'après l'art. 227 du Code d'inst. crim., les délits sont connexes dans trois hypothèses : « 1° Soit, lorsqu'ils ont été commis en même temps, par plusieurs personnes réunies,

2° Soit, lorsqu'ils ont été commis par différentes personnes, même en différents temps et en divers lieux, mais par suite d'un concert formé à l'avance entre elles,

3° Soit, lorsque les coupables ont commis, les uns pour se procurer les moyens de commettre, les autres, pour en faciliter, pour en consommer l'exécution, ou pour en assurer l'impunité. »

3. Mais les différents cas de connexité prévus par cet article ne sont pas limitatifs (7 décembre 1860 et 9 décembre 1861, Cassation.)

4. D'une manière générale, on peut dire qu'il y a connexité, quand un fait est une conséquence d'un premier fait ou que la solution qui interviendra sur un premier délit impliquera la solution du second.

5. La connexité a pour résultat la jonction des procédures, mais cette jonction n'est pas prescrite à peine de nullité.

6. Elle est, au contraire, facultative, pour les tribunaux qui peuvent apprécier, dans l'intérêt de l'administration de la Justice, s'il y a lieu de l'employer ou de la rejeter.

7. C'est ainsi que la cour de cassation a décidé qu'il ne convenait pas d'ordonner la réunion des procédures, lorsque de cette réunion pourraient résulter des retards préjudiciables à l'action de la justice.

8. Par suite de la jonction, le tribunal, compétent pour connaître d'un d'un délit, peut également statuer sur tous les délits connexes qui, sans cette circonstance, échapperaient à sa compétence, soit « ratione loci », soit « ratione personæ ».

9. Aux termes de l'art. 226 du Code d'inst. crim., les tribunaux doivent statuer par une seule et même décision, « sur tous les délits connexes dont les pièces se trouveront en même temps produites. »

10. Le fait le plus grave attire à lui les faits accessoires. En d'autres termes, la juridiction de l'ordre le plus élevé doit connaître de tous les faits.

11. Ainsi, les délits connexes à des crimes sont portés devant la cour d'assises, et les contraventions connexes à des délits sont déférées aux tribunaux correctionnels.

12. De même, le prévenu qui, par sa qualité, est soumis à la juridic-

tion la plus solennelle, attire à lui les autres co-prévenus, tels les individus compromis avec des magistrats.

13. Dans tous les cas, les juridictions d'exception cèdent le pas aux tribunaux ordinaires.

14. Les règles de la connexité s'appliquent également aux contraventions de police. L'art. 540 décide, en effet, que : « **lorsque deux tribunaux
de simple police seront saisis de contraventions connexes, les parties seront
reglées de juges par le tribunal auquel ils ressortissent l'un et l'autre....** »

15. Dès lors les contraventions diverses commises, soit dans le même
temps par plusieurs personnes réunies, soit séparément, par suite d'un
concert préalable, soit pour faciliter l'exécution les unes des autres, peuvent être renfermées dans une seule et même poursuite (F. Hélie, t. V,
nº 2366).

Contrainte par corps

1. *La contrainte par corps ou emprisonnement pour dettes est une voie
d'exécution par laquelle l'Etat ou un particulier, dans certains cas, peut
priver un débiteur condamné de sa liberté individuelle, pour le forcer au
paiement.*

2. Elle s'exerce en matière criminelle, de police correctionnelle et de
simple police contre les condamnés, à l'occasion des amendes, restitutions et dommages-intérêts, prononcés par des arrêts, jugements et exé-
cutoires.

3. Et, en général, contre tous les individus condamnés à des peines
pécuniaires, ou au remboursement des frais de justice criminelle (art.
174 du décret de 1811.)

4. Elle peut être exercée, en outre, contre les personnes ci-après, savoir :

1º Les témoins défaillants, — art. 89, 157 et 355 du Code d'inst. crim.
— C'est là une faculté et non une obligation pour les tribunaux.

2º Tout dépositaire d'une pièce arguée de faux, — 452 inst. crim.

3º La caution d'un prévenu mis en liberté provisoire, — 120 inst. crim.

4º Tous les détenteurs de pièces de comparaison, — 456 inst. crim.

5. Mais elle n'atteint pas les personnes civilement responsables. (Cass.
9 mai 1884).

6. La contrainte par corps ne peut être prononcée et ne peut être exercée :

1° Contre le mari et la femme simultanément, et à raison de la même condamnation, même pour des faits différents (art. 16 de la loi de 1867).

2° Contre les enfants âgés de moins de 16 ans accomplis à l'époque des faits qui ont motivé la poursuite (art. 13, loi de 1867).

3° Contre les condamnés à une peine perpétuelle (Cass. 29 avril 1838).

4° Contre le débiteur, au profit de son conjoint, de ses parents ou alliés en ligne directe ou collatérale jusqu'au quatrième degré (art. 15 de la loi de 1867).

7. Le tribunal peut surseoir, dans l'intérêt des enfants mineurs du débiteur, et par le jugement, pendant une année au moins, à l'exécution de la contrainte par corps.

8. La durée de la contrainte par corps est fixée par la loi du 22 juillet 1867 et la loi du 19 décembre 1871.

9. La contrainte par corps est réduite à la moitié de la durée fixée par le jugement, pour les condamnés qui justifieront de leur insolvabilité (art. 10), et pour ceux qui ont commencé leur soixantième année (art. 14).

10. En matière de police correctionnelle, la durée de la contrainte par corps est fixée ainsi qu'il suit :

De 2 à 20 jours, l'amende et les autres condamnations n'excédant pas 50 fr.

De 20 à 40 jours, l'amende et les autres condamnations n'excédant pas 100 fr.

De 40 à 60 jours, l'amende et les autres condamnations n'excédant pas 200 fr.

De 2 à 4 mois, l'amende et les autres condamnations n'excédant pas 500 fr.

De 4 à 8 mois, l'amende et les autres condamnations n'excédant pas 2000 fr.

De 1 an à 2 ans, l'amende et les autres condamnations n'excédant pas 2000 fr.

11. En matière de simple police (art. 9), la contrainte par corps ne peut excéder cinq jours. Le minimum ne peut être inférieur à deux jours. Le § 1er de l'art. 9, qui fixe le minimum à deux jours, lorsque l'amende et les autres condamnations n'excèdent pas 50 fr., est applicable aux condamnations de simple police (Cass. 17 février 1874).

12. En matière forestière et de pêche (art. 18, § 3), la durée de la contrainte par corps doit être fixée par le jugement dans les limites de huit jours à six mois.

13. En matière de contributions indirectes, la durée de la contrainte par corps doit être calculée d'après l'art. 9 de la loi de 1867 et non d'après la loi du 28 avril 1816, art. 225. L'art. 18 de la loi de 1867 a, en effet, abrogé toutes les lois en cette matière ; à l'exception des dispositions édictées par le Code forestier et par la loi du 15 avril 1829, sur la pêche fluviale (Dijon, 31 janvier 1877).

14. Le décime et le double décime doivent être ajoutés au chiffre de l'amende, pour la fixation de la durée de la contrainte par corps (Cassation, chambres réunies : 16 janvier 1872), parce que le double décime comme le décime font partie de l'amende ; ils en prennent la nature, ils se confondent avec elle.

15. Mais ce principe est loin d'être universellement admis ; le système contraire a été soutenu par le tribunal, puis par la Cour de Lyon (14 mars 1870). Déféré à la cour suprème, cet arrêt a été cassé le 2 juin 1870. — La cour de Riom, devant laquelle l'affaire a été renvoyée, a suivi la doctrine de la Cour de Lyon (arrêt du 17 mai 1871), mais cet arrêt a été cassé par l'arrêt rendu par les chambres réunies de la Cour de cassation, plus haut cité.

16. L'arrêt ou le jugement doit fixer la durée de la contrainte par corps, dans les limites déterminées par la loi de 1867.

17. Mais que décider, si le jugement a omis de fixer la durée de la contrainte par corps ? Dans ce cas, elle pourra, malgré le silence du jugement, sur ce point, être fixée au minimum. — C'est ce qu'à décidé la Cour de Paris, dans deux arrêts des 11 janvier et 26 février 1859. — V. aussi Circ. min. du 10 avril 1875.

18. Et que décider aussi dans le cas où le tribunal a omis de prononcer la contrainte par corps ? — L'omission doit être réparée par la voie de l'appel ou du recours en cassation, suivant le cas.

19. Mais si l'arrêt ou le jugement a acquis force de chose jugée et n'est plus susceptible d'être attaqué ? — Le ministère public peut de nouveau saisir le tribunal et requérir la prononciation de la contrainte par corps (Le Poittevin, v° contrainte par corps) ; car il est de règle, en matière criminelle ou correctionnelle, que la contrainte par corps est attachée de plein droit à l'exécution des condamnations à l'amende, restitutions, dommages-intérêts et frais (art. 32 C. P. et art. 1er de la loi de 1867).

20. Si donc la juridiction saisie omet de statuer à cet égard, loin d'épuiser ses pouvoirs, elle les conserve pleins et entiers, relativement à la solution de cette question, qui résulte nécessairement de la poursuite (Cass. 31 janvier 1873).

21. Les tribunaux, après avoir prononcé la relégation, doivent fixer la durée de la contrainte par corps, pour le recouvrement de l'amende et des frais de justice (Cass., 8 avril 1886, — 19 avril 1887, *Gaz. des Trib.*).

Contraventions de police.

Bonne foi, **2**, 3. | Circonstance atténuante, 10. | Définition, 1.
Caractère, **3**, 6, 7, 8, 9. | Compétence, 4, 5. | Tribunal correctionnel, **5**.

1. *Les contraventions sont des infractions matérielles à des prohibitions ou à des prescriptions de la loi. Elles existent par le seul fait de la perpé-*

tration ou de l'omission, et indépendamment de l'intention de l'agent. (Chauveau et Hélie).

2. La bonne foi, qui est un fait justificatif dans les accusations criminelles, et même, en général, dans les poursuites correctionnelles, ne peut ni justifier, ni même excuser les simples contraventions.

3. Seule, la force majeure est l'unique fait justificatif de la contravention.

4. En principe, les contraventions sont de la compétence exclusive des juges de paix. L'article 1er du Code pénal déclare, en effet, que : « **L'infraction que les lois punissent des peines de simple police est une contravention.......** »

5. Par exception, la juridiction correctionnelle est compétente, pour statuer sur les contraventions de police,

1° Lorsqu'une disposition particulière de la loi lui en défère la connaissance,

2° Lorsqu'elles sont passibles de peines supérieures aux peines de police,

3° Lorsqu'elles se compliquent d'une circonstance qui aggrave leur caractère,

4° Lorsqu'elles sont liées par l'indivisibilité ou la connexité à un autre fait qualifié délit,

5° Enfin, toutes les fois que le tribunal correctionnel en est régulièrement saisi et que le renvoi devant le tribunal de simple police n'est pas demandé (art. 192 C. Inst. Cr.).

6. Les contraventions de police (livre IV du Code pénal) se divisent en trois classes.

7. La 1re classe comprend les contraventions qui sont punies d'amende, depuis un jusqu'à cinq francs inclusivement (475 C. P.) et qui peuvent l'être encore de un à trois jours d'emprisonnement (373, 474 C. P.), sans préjudice de certaines confiscations (472 C. P.).

8. La 2e classe comprend les contraventions qui sont punies d'amende, depuis six jusqu'à dix francs inclusivement (475 C. P.) et qui peuvent l'être encore de un à cinq jours au plus d'emprisonnement (476-478 C. P.), sans préjudice de certaines confiscations (477 C. P.)

9. La 3e classe comprend les contraventions punies d'amende de onze à quinze francs inclusivement (479 C. P.) et qui peuvent l'être encore de un à cinq jours d'emprisonnement (480-482 C. P.), sans préjudice de confiscations édictées par la loi (481 C. P.)

10. L'art. 483, § 2, rend applicable l'art. 463 relatif aux circonstances atténuantes, à toutes les contraventions qu'il punit, ainsi qu'à toutes les contraventions comprises dans les articles 471-482 et aux contraventions, aux règlements ou arrêtés légalement pris ou publiés par l'autorité administrative.

Cumul des peines.

1. Le principe du cumul des peines a été banni de notre législation par de hautes considérations de justice et d'humanité.

2. En subissant la peine la plus forte, le coupable expie toutes les infractions passibles d'une peine de la même nature ou d'une moindre gravité que celle qui lui est appliquée (Chauveau et Hélie).

3. L'art. 365 du Code d'inst. crim. est formel : « **En cas de conviction de plusieurs crimes ou délits, la peine la plus forte est seule prononcée** ».

4. On doit entendre par « la peine la plus forte » celle qui est la plus élevée dans l'échelle des peines ; et, quand elles sont de même nature, celle dont la durée est la plus longue ou qui est accompagnée d'une peine accessoire, même facultative.

5. Il n'y a pas lieu de distinguer entre les peines pécuniaires et les peines corporelles.

6. A un autre point de vue, la peine la plus forte n'est pas celle qu'il est loisible aux juges d'appliquer, mais celle qui est méritée par le fait le plus grave dont le coupable est convaincu, car la quotité de la peine est toujours laisssée à l'appréciation du juge.

7. C'est appliquer la peine la plus forte à un individu déclaré coupable de plusieurs délits punis d'un emprisonnement d'inégale durée, que de lui appliquer même le minimum de l'article qui prononce l'emprisonnement le plus long.

8. Et si ce minimum est inférieur au minimum de l'un des autres délits, il suffit que la peine prononcée ne soit pas au-dessous de ce dernier minimum, pour qu'elle soit encore la plus forte. (Massabiau).

9. Le principe qui prohibe le cumul des peines d'une manière générale, est applicable à tous les crimes et à tous les délits prévus par le code pénal, sauf les exceptions que la loi et la jurisprudence ont établi.

10. Il est également applicable aux contraventions prévues par des lois spéciales et punies de peines correctionnelles, en matière de presse, notamment (art. 63 de la loi du 29 juillet 1881).

11. De même, en matière d'ivresse, la récidive correctionnelle constituant, aux termes de la loi de 1873, un délit. (Cass. 20 juin 1881).

12. Et encore, au cas de concours d'un fait prévu par le code pénal et d'un délit puni de peines correctionnelles par une loi spéciale (Cass. 27 décembre 1867).

13. Mais le principe de non cumul ne régit pas les contraventions de simple police. Dès lors, le prévenu, convaincu de plusieurs contraventions, doit être condamné à autant de peines distinctes qu'il y a eu de contraventions constatées.

14. De même, il y a lieu de prononcer des peines distinctes toutes les fois que l'on statue par un même jugement sur des délits et une contravention.

15. Echappent également à l'application de l'art. 365, les lois pénales spéciales, antérieures à la promulgation des codes criminels, et expressément maintenues en vigueur par l'art. 484 du code pénal, lorsque les peines édictées par ces lois sont seules à appliquer. (Cass. 27 décembre 1862, 3 mai 1866).

16. Enfin le principe du cumul ne régit pas les peines édictées par certaines lois telles que celles en matière de contributions indirectes, de douanes, de pêche, forestière, en matière d'exercice illégal de la médecine, sans usurpation de titre (Cass. 29 novembre 1876), en matière de chasse ; pour les contraventions à la loi sur le travail des enfants dans les manufactures (art. 25, loi du 19 mai 1874) ; pour les contraventions commises par les gérants des journaux.

17. La prohibition de cumuler les peines ne peut pas être un obstacle à l'exercice de l'action publique qui a pour objet, non seulement l'application de la peine, mais encore la recherche et la poursuite de leurs auteurs.

18. L'art. 365, qui prohibe le cumul des peines, doit être observé, non seulement dans le cas de conviction de plusieurs délits poursuivis simultanément devant le même tribunal, mais aussi lorsqu'il y a plusieurs condamnations distinctes et que les faits qui ont motivé les dernières sont antérieurs à la première condamnation.

19. Dans cette dernière hypothèse, il n'y a pas à distinguer si les jugements émanent du même juge ou ont été prononcés par un autre tribunal, ou par la cour d'assises.

20. Pour les peines de même nature qui ne diffèrent que relativement à leur durée, le principe de non-cumul doit s'entendre dans ce sens, que les tribunaux de répression ne peuvent excéder le maximum de la peine la plus forte prononcée par la loi.

21. Ainsi donc, il n'y a pas violation de l'art. 365, toutes les fois que le total des peines de même nature cumulées n'est pas supérieur au maximum de la pénalité la plus forte parmi celles qui ont été appliquées.

22. En d'autres termes, dans le cas où des peines de même nature sont successivement prononcées contre un même individu, à raison de faits antérieurs à sa première condamnation, elles doivent toutes être subies, si, par leur réunion, elles ne dépassent pas le maximum indiqué dans la disposition pénale la plus sévère, dont il a été fait application. (Cass. 26 mars 1874).

23. Un tribunal peut donc, sans qu'il y ait cumul de peines, prononcer une condamnation à trois ans et neuf mois d'emprisonnement contre l'individu convaincu d'un vol simple commis antérieurement à une première condamnation à 15 mois d'emprisonnement pour vol aussi, du moment que les deux peines réunies n'excèdent pas le maximum de la peine la plus forte.

24. Mais, s'il reconnaît que la première condamnation est suffisante pour l'expiation des deux infractions, il peut prononcer la confusion des peines.

25. Il en est différemment lorsque les peines prononcées successivement contre le même individu convaincu de plusieurs crimes ou délits, poursuivis séparément, sont de nature différente. — Dans cette hypothèse, la peine la plus faible se confond toujours avec la peine la plus grave.

26. De même, si, par suite de l'application du maximum, la pénalité se trouve épuisée, le tribunal, en statuant sur la culpabilité, doit prononcer la confusion des peines.

27. L'art. 365 ne vise que les peines principales et non les peines accessoires qui peuvent être prononcées en sus des peines principales.

28. Lorsque le second juge n'a pas été appelé à connaître par des conclusions formelles de la condamnation antérieure et n'en a fait aucune mention, il ne viole pas l'art. 365, en ne prononçant pas la confusion des peines.

29. La question est entière et elle peut être utilement soulevée, au moment de l'exécution de la seconde peine.

30. Dans le cas spécial où un individu, condamné par défaut, commet de nouveaux délits, acquiesce ensuite au jugement par défaut et est ultérieurement condamné pour les seconds faits, ceux-ci sont nécessairement antérieurs au moment où le jugement par défaut devient définitif. Il y a donc lieu à l'application de l'art. 365, et le condamné ne devra subir que la peine la plus forte. (Instruction ministérielle du 6 octobre 1876).

Déclinatoire

C'est l'acte par lequel l'autorité administrative, le ministère public ou le prévenu conteste la compétence du juge saisi.
Se reporter aux mots Compétence — Conflit — Exception.

Défaut

1. *On appelle jugements par défaut les jugements rendus contre une partie qui ne comparaît pas en justice, quoique régulièrement assignée dans les délais de la loi.*

Art. 186 du Code d'inst. crim. : « **Si le prévenu ne comparaît pas, il sera jugé par défaut.** »

2. Il en est de même si, bien que présent, le prévenu ne propose aucune défense et ne prend aucune conclusion.

3. A proprement parler, il y a deux sortes de défaut: défaut, faute de comparaître ; défaut, faute de plaider.

4. Dans les deux cas, le ministère public prend ses réquisitions et la partie civile dépose ses conclusions.

5. Mais le juge, avant de statuer, doit vérifier si la situation est régulière, si les délais sont expirés. Il doit enfin apprécier le bien fondé des réquisitions du ministère public et des conclusions de la partie civile.

6. Les deux hypothèses ci-dessus ne sont pas absolues. Elles peuvent présenter diverses modalités :

1° Il peut arriver que le prévenu ne se présente pas en personne, mais qu'il se fasse représenter par un mandataire.

2°. Le prévenu peut se présenter,et, tout en ne se défendant pas, prendre une certaine part aux débats ; soulever par exemple une exception.

3° Présent à la première audience, le prévenu peut faire défaut à une audience de renvoi.

7°. Ces deux hypothèses concernent tout aussi bien le prévenu en état d'arrestation que le prévenu libre.

8. Le délit d'un prévenu emportant peine d'emprisonnement est jugé par défaut, même lorsqu'il est représenté par un mandataire. L'art. 185 du Code de d'inst. crim. n'accorde, en effet, au prévenu la faculté de choisir un mandataire que « **dans les affaires relatives à des délits qui n'entraîneront pas la peine de l'emprisonnement** »…... « **le tribunal pourra néanmoins ordonner sa comparution en personne** ».

9. Et dans le cas où le tribunal aurait ordonné la comparution personnelle du prévenu, celui-ci n'obéissant pas aux ordres de la justice, devra être condamné par défaut, même s'il est régulièrement représenté.

10. Cependant, bien que le délit emporte peine d'emprisonnement, le prévenu peut néanmoins se faire représenter, lorsqu'il se borne à invoquer la nullité de la citation, sans se défendre au fond.

11. Ainsi, par exemple, pour le jugement d'une question de compétence (Cass. 11 février 1876), — d'une question préjudicielle, (15 nov.

1831), telle qu'une fin de non-recevoir (29 août 1840), — pour le jugement de remise d'un affaire à un autre jour (25 mars 1845), pour le jugement d'une exception relative à la qualification légale du fait (Cass. 22 juin 1838).

12. Lorsque le prévenu comparaissant sur la citation, restreint formellement sa comparution aux questions préjudicielles qu'il présente et qu'il déclare qu'en cas de rejet de ses conclusions, il ne plaidera pas et ne conclura pas sur le fond, la cause n'est liée contradictoirement que sur les dites conclusions (Cass. 7 décembre 1822, — 13 mars 1824. Hélie, t. VI, p. 395 et 398).

13. Il en est de même lorsque le prévenu propose un moyen d'incompétence, sans s'expliquer sur le fond (Paris, 18 novembre 1836), ou un moyen tiré de la prescription (Hélie).

14. La simple comparution du prévenu à l'audience correctionnelle, ses réponses au Président, sur ses nom, prénoms, âge, profession et domicile, ne lient point l'instance contradictoirement, lorsqu'il ne prend point de conclusions et ne se défend point.

15. Mais si le prévenu a proposé des moyens de défense, l'instance est liée, et, quoiqu'il se retire, le jugement est contradictoire.

16. Par exemple : s'il a donné lecture d'un mémoire contenant sur le fond des moyens sur lesquels il a été statué (Cass. 28 août 1847, Hélie).

17. Lorsqu'à la première audience le débat a été engagé et le prévenu interrogé, le jugement est contradictoire, encore que le prévenu ne comparaisse pas à l'audience suivante, à laquelle l'affaire a été renvoyée pour le prononcé du jugement (Toulouse, 24 janvier 1831).

18. Mais le jugement est par défaut, lorsque, après avoir entendu certains témoins, le prévenu, les avocats des parties et le ministère public, le tribunal a remis la cause à jour fixe pour entendre d'autres témoins et continuer l'instruction, si, au jour indiqué, le prévenu ne comparait pas (Cass. 14 mai 1835).

19. Le prévenu, en état d'arrestation et qui est à l'audience, peut, comme le prévenu non comparant, faire défaut, en refusant d'engager le débat et de présenter sa défense (Cass. 13 août 1859, Hélie, t. VI, p. 701. Contra : Cass. 14 décembre 1853).

20. Aucune disposition de loi n'exige qu'il soit donné une nouvelle citation au prévenu défaillant, dont la cause a été continuée à une audience ultérieure.

21. Cette formalité ne saurait, à aucun point de vue, être considérée comme substantielle, le prévenu qui n'a pas répondu à la citation n'étant pas fondé à se plaindre que l'instruction se soit continuée et que le jugement ait été rendu en son absence.

22. Le devoir imposé au juge par l'art. 150 du code de procédure civile, applicable en matière correctionnelle, de n'adjuger à la partie réquérante que les conclusions qu'il reconnaît justes et bien vérifiées, implique le droit pour le tribunal de ne pas statuer immédiatement. (Cass. 30 octobre 1885).

Défense légitime.

1. *La légitime défense est un cas d'excuse péremptoire ou fait justificatif, excluant la criminalité de tout acte de violence personnelle.*

2. Art. 328 du Code pénal : « **Il n'y a ni crime, ni délit, lorsque l'homicide, les blessures et les coups étaient commandés par la nécessité actuelle de la légitime défense de soi-même ou d'autrui »**.

3. Cet article ne s'applique pas seulement au cas où il y a péril de mort pour la personne assaillie, mais il comprend le cas où le péril a pour objet de simples coups et blessures.

4. Il n'y aurait pas nécessité de la légitime défense, si l'on avait eu d'autres moyens de se soustraire à l'aggression.

5. La légitime défense est exclusive de toute faute ; elle ne peut donner lieu à des dommages-intérêts en faveur de celui qui l'a rendue nécessaire.

Degrés de juridiction

1. *On appelle ainsi les rangs hiérarchiques de l'autorité judiciaire auxquels on a le droit de soumettre successivement la même affaire.*

2. Il ne peut y avoir plus de deux degrés de juridiction.

3. Les jugements des tribunaux de simple police sont en dernier ou en premier ressort, suivant les cas. (Voir v° appel).

4. Les jugements des tribunaux correctionnels ne sont jamais rendus qu'en premier ressort. Art. 199 du Code d'inst. crim. : « **Les jugements rendus en matière correctionnelle pourront être attaqués par la voie de l'appel.** »

5. A moins que ces tribunaux ne statuent en matière de simple police, (art. 192 du code d'inst. crim. : déjà transcrit), ou en vertu de la compétence spéciale, établie par les dispositions des art. 35 et 36 de la loi du 9 ventôse, an XI, relative à l'exercice de la médecine.

6. Il n'existe donc que deux exceptions au principe posé par l'art. 199 du code d'inst. crim. Hors ces deux exceptions, la règle des deux degrés subsiste.

7. En conséquence, tout jugement est susceptible d'appel, quelle que soit la décision intervenue.

8. Mais, lorsque le premier degré a été parcouru, encore bien que le premier juge n'ait statué que sur un point du litige, le juge d'appel peut statuer sur le tout. Ce droit est reconnu par l'art. 215 du code d'inst. crim.

Désistement

Définition. 1.
Effets, 7.

Forme, 6.
Frais, 8.
Ministère public, 3.

Partie civile, 2, 5, 6, 7, 8.
Prévenus, 2, 4.

1. *Le mot désistement exprime la renonciation à un acte de procédure, à une instance ou à une action.*

2. Le désistement ne peut intervenir que de la part du prévenu ou de la partie civile.

3. Le ministère public ne peut jamais, par un désistement, dessaisir la juridiction à laquelle il a déféré un fait répréhensible (Cass. 29 juin 1866).

4. Le prévenu peut se désister, soit d'un appel, soit d'un pourvoi en cassation.

5. Art. 66 du Code d'inst. crim. « **La partie civile pourra se départir dans les vingt-quatre heures.** »

6. Le désistement, en quelque forme qu'il soit fait, (aucune forme particulière n'est prescrite pour le désistement), doit être signifié au ministère public et au prévenu, dans le cas où la poursuite a été commencée.

7. Le désistement de la partie civile est sans influence sur l'action du ministère public, à moins qu'il ne s'agisse d'un délit à raison duquel une plainte est nécessaire pour mettre en mouvement l'action publique, en matière d'adultère, par exemple.

8. La partie civile n'est tenue que des frais faits avant son désistement. — Jugé, cependant, que la partie civile, qui s'est désistée plus de vingt-quatre heures après la déclaration qu'elle a faite de se porter partie civile, est responsable de tous les frais de la procédure, et non pas seulement des frais faits jusqu'au désistement (Cass. 18 juillet 1854).

Détention préventive.

Caractère, 1.
Chemins de fer, 9, 10, 10.
Contr. Ind. 5, 6.

Douanes, 7, 8.
Exécution, 2.

Effets, 3, 4.
Presse, 12.

1; La détention préventive est une mesure de sûreté ou un moyen d'instruction. Dans l'un et l'autre cas, elle a un caractère exceptionnel

qui doit en faire réduire la durée au temps strictement nécessaire pour
son efficacité.

2. Une circulaire ministérielle du 1ᵉʳ juin 1855 recommande aux magistrats de se montrer très réservés, dans les matières correctionnelles
surtout, pour l'emploi du mandat de dépôt.

3. La détention préventive ne compte pas pour l'expiation de la peine,
et la loi proclame que la durée des peines temporaires ne compte que du jour
où la condamnation sera devenue irrévocable (art. 23). « **Néanmoins, dit**
l'art. 24 du Code pénal, **à l'égard des condamnations à l'emprisonnement
prononcées contre des individus en état de détention préalable, la durée de
la peine...., compta du jour du jugement ou de l'arrêt, nonobstant l'appel
ou le pourvoi du ministère public..... »**.

4. En matière ordinaire, le prévenu détenu peut solliciter et obtenir sa
mise en liberté.

5. Par exception au droit commun, en matière de contributions indirectes, les délinquants ne peuvent réclamer leur mise en liberté provisoire ; mais les agents doivent, avec le concours du ministère public, abré-
ger, autant que possible, par leur diligence, la durée de la détention préventive (Circ. min. du 20 mars 1866).

6. Ce sont les articles 222 223 et 224 de la loi du 28 avril 1816 qui
autorisent, en matière de contributions indirectes, la détention préventive.

7. En ce qui concerne les douanes, la contrebande est frappée d'une
pénalité qui varie de trois jours à une année ; l'arrestation a pour but
l'application d'une peine corporelle ; la détention préventive présente les
mêmes caractères que quand il s'agit de délits communs.

8. Il faut, dès lors, admettre le principe de la liberté de droit au bout de
cinq jours, quand le contrebandier n'est pas récidiviste, qu'il est domicilié
et que les circonstances exceptionnelles n'élèvent pas le maximum de la
pénalité encourue à deux ans ou plus.

9. La question s'est posée de savoir si l'individu qui a voyagé sur un
chemin de fer sans billet et qui n'a pas payé sa place pouvait être mis en
état d'arrestation préventive.

10. Une circulaire ministérielle du 25 juillet 1854 décide « que si le
fait présente d'une manière positive et tout à fait incontestable les caractères légaux de l'escroquerie, l'arrestation peut être opérée, l'inculpé
étant, dans ce cas, passible d'une peine d'emprisonnement.

11. Le voyageur trouvé sans billet, en dehors de cette hypothèse, sera
mis en demeure de justifier de son identité ; l'autorité administrative aura
le droit de le détenir pendant un certain délai, aux termes du décret du
10 vendémiaire, an IV, et, lorsqu'il aura ainsi été contraint de se faire
connaître, il pourra être poursuivi et condamné.

12. En matière de presse, il n'y a jamais lieu à détention préventive,
pour les infractions déférées aux tribunaux correctionnels.

Discernement.

1. *On entend par discernement, l'intelligence légale qu'un individu est censé avoir de la criminalité de l'action qu'il a commise.*

2. Le discernement est un élément de la culpabilité, laissé entièrement à l'appréciation des tribunaux.

3. Néanmoins, au-dessous d'un certain âge, la loi, admettant une présomption de non-discernement, a dû tracer des règles spéciales pour les prévenus en état de minorité.

4. L'art. 66. du Code pénal s'exprime ainsi : **« Lorsque l'accusé aura moins de seize ans, s'il est décidé qu'il a agi sans discernement, il sera acquitté, mais il sera, selon les circonstances, remis à ses parents, ou conduit dans une maison de correction, pour y être élevé et détenu pendant tel nombre d'années, que le jugement déterminera, et qui, toutefois, ne pourra excéder l'époque où il aura accompli sa vingtième année. »**

5. L'art. ci-dessus, s'applique, indistinctement, aux délits et aux contraventions.

6. Il peut être invoqué, même dans les matières régies par des lois spéciales, à moins que celles-ci, par quelque disposition expresse ou tacite, en aient disposé autrement (Cass. 9 avril 1875).

7. Dès lors, lorsque le prévenu est âgé de moins de seize ans, les tribunaux doivent, avant toute condamnation, examiner et résoudre la question de discernement.

8. L'enfant doit être acquitté, s'il a agi sans discernement, car il serait contradictoire de le déclarer coupable d'un délit et de dire, en même temps, que ce dont il est prévenu a été fait par lui sans discernenent.

9. Dans ce cas, les juges ont la faculté, ou bien de le rendre à ses parents, s'ils ont en eux assez de confiance, ou bien de le tenir renfermé, durant un espace de temps qu'ils déterminent.

10. Cette détention n'est pas une peine, mais un moyen de suppléer à la correction domestique, lorsque les circonstances ne permettront pas de confier l'enfant à la famille.

11. Voici en quels termes s'exprime sur ce point une circulaire de la chancellerie du 6 avril 1842 : « Il ne faut pas perdre de vue que les jeunes détenus ont été acquittés, que ce n'est pas une peine qu'ils subissent, et que l'art. 66, en autorisant leur détention, a formellement exprimé que ce serait pour être élevés, c'est-à-dire pour recevoir les soins et l'instruction propre, non seulement à corriger leurs mauvaises habitudes, mais encore à leur fournir les moyens de pourvoir, plus tard, par le travail, à leurs besoins. » Dès lors, ajoute une circulaire du 22 novembre 1847, « pour que la mesure de la détention soit avantageuse, il faut que sa durée soit graduée, non d'après le plus ou moins de gravité des faits reprochés aux jeunes inculpés, mais d'après le temps nécessaire pour leur éducation.»

12. La durée de la détention, mentionnée en l'art. 66, a fait naître la question de savoir si elle pouvait être prononcée pour moins d'une année. La cour de cassation, revenant sur sa jurisprudence, décide aujourd'hui : « que l'art. 66 n'a établi qu'un maximum de la durée de la détention et ne s'oppose pas à ce que cette détention soit fixée à moins d'une année. »

Cette opinion, d'après Chauveau et Hélie, est la seule qui doive être suivie.

13. Dans tous les cas, pour éviter les doutes et les équivoques qui peuvent résulter de la diversité et du peu de clarté des formules employées par les tribunaux correctionnels, — lorsqu'ils fixent la durée de la détention des mineurs de seize ans, envoyés dans une maison de correction, — il est à désirer que les tribunaux emploient, dans leurs jugements, des expressions très claires et très précises, comme celle-ci : « jusqu'à . . . ans révolus». (Circ. 20 octobre 1826).

14. Après la présomption favorable qu'elle crée en faveur de ces prévenus, la loi a placé l'excuse, dans le cas même où ils auraient agi avec discernement. L'art. 69 du Code pénal prononce une atténuation de peine lorsque le mineur de seize ans s'est rendu coupable d'un délit.

15. En voici les termes : **Dans tous les cas où le mineur de seize ans n'aura commis qu'un simple délit, la peine qui sera prononcée contre lui ne pourra s'élever qu'à la moitié de celle à laquelle il aurait pu être condamné, s'il avait eu seize ans.»**

16. Le bénéfice de cet article ne peut être invoqué dans les matières régies par les lois spéciales (Cass. 9 avril 1875).

17. Enfin, l'art. 68 du Code pénal décide que : **« L'individu âgé de moins de 16 ans qui n'aura pas de complices présents au-dessus de cet âge, et qui sera prévenu de crimes autres que ceux que la loi punit de la peine de mort, de celle des travaux forcés à perpétuité, de la peine de la déportation, ou de celle de la détention, sera jugé par les tribunaux correctionnels, qui se conformeront aux deux articles ci-dessus (art. 66 et 67)».**

18. Le but de cette exception au droit commun est donc de soustraire les accusés de moins de seize ans à la juridiction des cours d'assises, toutes les fois qu'ils n'ont pas de complices ou que les crimes dont ils sont prévenus emportent certaines peines.

19. Il résulte de ce qui précède, que le Code pénal a dérogé au droit commun, en faveur des individus au-dessous de seize ans, sous trois rapports différents :

1° La loi les protège par une présomption d'innocence qui oblige à prouver qu'ils ont agi avec discernement.

2• Alors même que le discernement est établi, la loi voit encore dans leur âge une excuse, et leurs peines sont atténuées.

3° Enfin, ils sont justiciables de la juridiction correctionnelle, alors même qu'ils sont prévenus de crimes.

20. En matière de contributions indirectes, le mineur de seize ans, acquitté comme ayant agi sans discernement, doit être condamné à l'amende, dont le père est civilement responsable, l'amende étant, en cette matière, non une peine, mais une réparation civile (Metz : 27 novembre 1867).

Dommages-intérêts et restitutions civiles

Acquittement, 14, 15, 16, 17, 18, 20, 21, 22.
Administrations publiques, 23.
Caractère, 1, 2.

Correctionnel, 3, 15,
Effets, 4, 14.
Hospices, 13.
Pièces à conviction, 8, 9, 10, 11, 12,

Procédure, 7, 8, 19.
Restitutions civiles, 5, 6.
Simple police, 3, 15.
Tuteur, 22.

1. Lorsqu'un délit a été commis, s'il lèse des intérêts privés, le préjudice causé doit être réparé. C'est là l'application du principe posé par les articles 1382 et 1383 du Code civil.

2. L'art. 10 du Code pénal en fait la réserve expresse : « **La condamnation aux peines établies par la loi est toujours prononcée sans préjudice des restitutions et dommages-intérêts qui peuvent être dus aux parties.** »

3. De même, l'article 161, sous la rubrique « des tribunaux de simple police », dont les dispositions sont rendues communes aux tribunaux en matière correctionnelle par l'article 189, porte : « **Si le prévenu est convaincu de contraventions de simple police, le tribunal prononcera la peine, et statuera par le même jugement sur les demandes en restitution et dommages-intérêts.** »

4. La loi conserve donc aux personnes qu'un délit a lésées le droit d'obtenir la réparation de ce dommage. L'art. 1er du Code d'inst. crim. s'exprime ainsi : « **L'action en réparation du dommage causé par un crime, par un délit ou par une contravention, peut être exercée par tous ceux qui ont souffert de ce dommage.** » (Voir v° action civile).

5. Quant aux restitutions civiles, ce sont, en droit criminel, *les choses dont le plaignant a été dépouillé et dont il obtient la restitution, soit en nature, soit en équivalent.*

6. Les restitutions ont donc pour objet les choses même dont le plaignant a été dépouillé ; les dommages-intérêts sont la réparation du préjudice qu'il a souffert.

7. Les demandes formées par le plaignant pour atteindre ce double but, sont indépendantes l'une de l'autre. Elles peuvent être exercées, soit isolément, soit simultanément.

8. Dans la plupart des cas, les objets, dont la restitution est demandée par les plaignants ou ordonnée d'office par le tribunal, ont, au procès, le caractère de pièces à conviction.

Leur restitution ne peut alors être ordonnée qu'à la fin du procès et leur livraison n'être opérée entre les mains des propriétaires, qu'à l'expiration des délais d'appel.

9. La restitution ne peut être ordonnée qu'au cas où les objets volés ont été saisis en la possession du prévenu.

10. S'ils ont été apportés pour servir de pièces à conviction par un tiers qui en est détenteur, les tribunaux correctionnels sont incompétents pour en ordonner la restitution (Nancy, 30 janv. 1839).

11. Les tribunaux peuvent décider que la restitution de deniers sera faite au marc le franc entre les victimes du délit (Cass. 16 août 1872).

12. Comme conséquence d'une condamnation qui prononce la restitution, l'art. 51 du Code pénal porte : « **Quand il y aura lieu à restitution, le coupable pourra être condamné, en outre, envers la partie lésée, si elle le requiert, à des indemnités, dont la détermination est laissée à la justice de la Cour ou du tribunal, lorsque la loi ne les aura pas réglées, sans que la Cour ou le tribunal puisse, du consentement même de la dite partie, en prononcer l'application à une œuvre quelconque** ».

13. Il résulte de cet article que les restitutions ne sont pas un obstacle aux dommages-intérêts, et que l'ancien usage, d'appliquer aux pauvres ou aux hospices les indemnités allouées, est aboli.

14. De même que la loi a conservé aux personnes lésées par un délit le droit d'obtenir des dommages-intérêts contre les prévenus condamnés, de même, lorsque l'innocence d'un prévenu est constatée par un jugement qui prononce son acquittement, peut-il aussi demander et obtenir contre la partie civile des dommages-intérêts.

15. Ce principe est consacré, tant en matière de simple police qu'en matière de police correctionnelle par les articles 159 et 191 du Code d'inst. crim. conçus dans les mêmes termes.

Art. 191 : « **Si le fait n'est réputé ni délit, ni contravention de police, le tribunal annulera l'instruction, la citation et tout ce qui aura suivi, renverra le prévenu et statuera sur les dommages-intérêts.** »

16. Dans le cas prévu par cet article, le tribunal devra renvoyer le prévenu et statuer sur les demandes en dommages-intérêts dirigées par le prévenu absous contre la partie civile.

17. Il ne peut pas, réciproquement, s'occuper de la demande en dommages-intérêts de la partie civile contre le prévenu. — Tout caractère pénal étant refusé au fait de la prévention, la partie civile doit s'imputer d'avoir saisi d'une question purement pécuniaire, d'une question purement civile, un tribunal correctionnel, sans qualité pour en connaître.

18. Le prévenu, acquitté, peut donc obtenir du tribunal une condamnation immédiate en dommages-intérêts : en des dommages-intérêts contre la partie civile, car jamais indemnité ne peut, même en cas de renvoi, être obtenue contre le ministère public.

19. Mais il peut s'adresser, à son choix, pour obtenir des dommages-intérêts contre son dénonciateur, soit au tribunal correctionnel, soit au tribunal civil.

20. Il est bon d'indiquer, que l'acquittement d'un prévenu ne donne pas nécessairement lieu à une condamnation en dommages-intérêts contre la partie civile. Les juges peuvent, en effet, rechercher si celle-ci a agi de bonne foi.

21. Les dommages-intérêts ne sont dus qu'à un prévenu injustement poursuivi, à raison du préjudice résultant d'une poursuite mal fondée (Cass 2 mai 1851), ou téméraire.

22. Les dommages-intérêts peuvent être mis à la charge personnelle du tuteur, lorsque le tribunal reconnaît que l'action par lui intentée, au nom de son pupille, est vexatoire (Cass. 9 décembre 1830).

23. Les administrations publiques peuvent être condamnées aux dommages-intérêts, lorsqu'elles succombent dans leurs poursuites (Cass. 15 juin 1872).

Evocation

| Cas, 3, 4, 5, 6, 7. | Effets, 2, 11. | Partie civile, 8. |
| Définition, 1. | Exercice, 10, 11, 12. | Réformation, 9, 11. |

1. *L'évocation est le fait par un tribunal d'appel de retenir un procès qui n'a pas subi sur le fond un premier degré de juridiction ou de s'en saisir d'office.*

2. Le devoir des juges d'appel est tracé, en cette matière, par l'art. 215 du Code d'inst. crim., ainsi conçu : « **Si le jugement est annulé pour violation ou omission non réparée de formes prescrites par la loi à peine de nullité, la Cour ou le tribunal d'appel statuera sur le fond** ».

3. D'après les termes de cet article, on pourrait croire que les juges n'ont pour mission d'évoquer que dans les cas qu'il énumère ; mais la jurisprudence a depuis longtemps décidé que la disposition de l'art. 215 n'était point limitative.

4. Elle a étendu la nécessité de l'évocation à toutes les hypothèses où la décision de première instance est annulée par un simple mal jugé sur un incident, sur une exception ou par jugement avant faire droit.

5. De même, le tribunal d'appel qui réforme un jugement, non pour vice de forme, mais pour mal jugé, peut statuer lui-même au fond et n'est pas tenu de renvoyer l'affaire à un autre tribunal.

6. Mais il n'y a pas lieu à évocation lorsque le jugement a statué au fond (Toulouse, 17 janvier 1881).

7. La cour peut évoquer une affaire comme étant disposée à recevoir une solution définitive, alors que des conclusions subsidiaires en preuve ont été repoussées, et que des conclusions au fond ont été prises par les parties (Cass. 19 février 1884).

8. Le juge d'appel, sur l'appel de la partie civile seule, peut, en infirmant le jugement d'incompétence du tribunal correctionnel, et évoquant le fond, statuer tant sur l'action publique que sur l'action civile, et prononcer une peine contre le prévenu (Cass. 30 janvier 1885) — 182, 202 et 215 Code d'inst. crim.).

9. Le tribunal d'appel peut annuler un jugement de simple police, non seulement pas des moyens tirés du fond, mais encore par tous moyens d'incompétence ou autres moyens de droit sur lesquels la cour de Cassation seule aurait pu statuer, si le jugement eût été en dernier ressort.

10. Le droit d'évocation n'est point subordonné, soit aux réquisitions du ministère public, soit à la demande des parties. Il peut être exercé d'office.

11. Le tribunal correctionnel ne peut, sur l'appel d'un jugement de simple police, interjeté par le condamné, aggraver le sort de ce dernier, en annulant le jugement, pour renvoyer l'affaire devant la juridiction criminelle dont les peines sont plus sévères.

12. Il ne pourrait non plus, dans la même circonstance, évoquer le fond, sur un chef de prévention à l'égard duquel le premier juge aurait omis de statuer.

Exceptions

On appelle exception tout moyen de défense qui, sans toucher au fond du droit, a cependant pour but d'en paralyser l'exercice.

(Voir questions préjudicielles).

Excuses légales

1. On appelle *Excuses légales*, les raisons alléguées par un prévenu pour se justifier.

2. Les faits justificatifs, les faits d'excuses sont prévus par la loi.

3. Les faits justificatifs, c'est-à-dire exclusifs de criminalité, sont les suivants :

1º La démence, la force majeure ou contrainte irrésistible.—Art. 64 C.P.:
« Il n'y a ni crime, ni délit, lorsque le prévenu était en état de démence au temps de l'action, ou lorsqu'il a été contraint par une force à laquelle il n'a pu résister. »

2º La légitime défense de soi-même ou d'autrui. — Art. 328 C. P. :
n'y a ni crime, ni délit, lorsque l'homicide, les blessures et les coups étaient commandés par la nécessité actuelle de la légitime défense de soi-même ou d'autrui ».—Art. 329 C. P. : « Sont compris dans les cas de nécessité actuelle de défense les deux cas suivants:
Si l'homicide a été commis, si les blessures ont été faites, ou si les coups ont été portés en repoussant pendant la nuit l'escalade ou l'effraction des clôtures, murs ou entrées d'une maison ou d'un appartement habité ou leurs dépendances ;

Si le fait a lieu en se défendant contre les auteurs de vols ou de pillages exécutés avec violence. »

3° L'obéissance à la loi ou à l'autorité légitimement constituée.

Art. 327 C. P. : « Il n'y a ni crime, ni délit, lorsque l'homicide, les blessures et les coups étaient ordonnés par la loi et commandés par l'autorité légitime. »

4. Dans ces divers cas, l'intention criminelle de l'auteur n'existe pas, l'excuse est péremptoire, et le prévenu, par conséquent, doit être acquitté.

5. Sont assimilés aux faits justificatifs :

1° La justification par l'auteur d'un acte arbitraire, qu'il n'a agi que par l'ordre de supérieurs auxquels, pour ces actes, il devait obéissance (114, 190 C. P.)

2° La justification par un ministre que la signature par lui apposée à un ordre ou à une autorisation arbitraires, lui a été surprise (art. 116, C. P.)

3° Le fait que les criminels recélés étaient parents ou alliés de ceux qui les ont recélés (art. 248, § 2, C. P.)

4° Le fait que l'individu, qui a porté à l'hospice un enfant de moins de sept ans, n'était pas obligé de pourvoir gratuitement à la nourriture et à l'entretien de cet enfant, et que personne n'y avait pourvu (348 C. P.)

5° Les liens de parenté ou d'alliance entre le voleur et la personne volée (380 C. P.)

6. Les faits, postérieurs au délit ou au crime, qui en assurent l'impunité légale, sont :

1° La retraite, spontanée ou dès le premier avertissement de l'autorité, hors d'une bande de rebelles ou d'un attroupement séditieux, alors qu'on n'y a exercé ni commandement, ni emploi, ni fonctions (100, 213 C. P.)

2° La révélation de complot (108 C. P.)

3° La révélation de fabrication, d'émission ou d'introduction en France de fausse monnaie (138 C. P.)

4° La représentation du détenu évadé par les conducteurs ou les gardiens (247 C. P.)

5° Le mariage du ravisseur avec la fille qu'il a enlevée (335 C. P.)

7. En dehors des excuses légales qui viennent d'être énumérées, il en est d'autres, qui, *sans effacer entièrement la criminalité, la diminuent cependant, et, par suite, entraînent une réduction de la peine, qui, si elles n'existaient pas, devrait être appliquée.*

8. Cette deuxième catégorie d'excuses pourrait être désignée sous le nom d'excuses « atténuantes ».

Ces faits, expressément qualifiés par la loi, sont :

1° La provocation (321 C. P.)

2° La défense, pendant le jour, contre une escalade ou une effraction (322 C. P.)

3° La mise en péril de la vie d'une épouse par son époux (324 C. P.)

4° L'adultère flagrant de la femme (324, § 2, C. P.)

5° L'outrage violent à la pudeur, ayant motivé la castration (325 C. P.)

9. D'autres faits ont aussi pour conséquence l'atténuation de la peine. Ce sont :

La circonstance que les pièces fausses, dont on avait vérifié les vices avant de les mettre en circulation, avaient été reçues pour bonnes (135, § 2, C. P.)

La mise en liberté de la personne séquestrée avant le dixième jour qui a suivi l'arrestation, la détention ou la séquestration (343 C. P.)

La circonstance que l'enfant supprimé n'a pas vécu (345 C. P.)

Le fait que ceux qui ont participé à des pillages y ont été entraînés par des provocations ou sollicitations (441 C. P.)

Le défaut de discernement pouvant résulter de l'âge du prévenu (66).

10. Les excuses peuvent être déclarées d'office par le tribunal correctionnel (Cass. 14 décembre 1850).

Extradition.

1. *L'extradition est l'acte par lequel un Etat remet à un autre Etat un prévenu susceptible d'être jugé et puni par la justice de ce dernier Etat.*

2. L'extradition ne peut jamais s'étendre aux nationaux de la puissance qui l'accorde.

4. Elle s'applique uniquement aux personnes réfugiées sur le territoire étranger et qui sont inculpées d'un délit pour lequel l'extradition est permise.

5. Elle n'a jamais été autorisée en matière de contraventions et en matière de délits politiques.

6. Pendant longtemps, elle n'a été invoquée que pour les plus grands crimes.

7. Mais, aujourd'hui, un grand nombre de traités l'autorisent, pour la plupart des crimes de droit commun et pour certains délits.

8. L'individu extradé ne peut être jugé que sur le fait pour lequel l'extradition a été accordée.

9. Si, durant la demande d'extradition, le caractère pénal du fait qui l'a motivée a été modifié, ou s'il est intervenu un arrêt de non-lieu, le prévenu doit être rendu à la liberté.

10. Si, pendant qu'on procède à l'instruction du délit pour lequel il a été livré, il surgissait contre le prévenu des preuves d'un délit pour lequel l'extradition pourrait être également accordée, il faudrait qu'une nouvelle demande fût formée à cet effet (Circ. min. du 5 avril 1841).

11. L'autorité judiciaire est étrangère aux négociations qui interviennent diplomatiquement sur les demandes d'extradition, et elle n'a pas à s'enquérir des motifs qui ont déterminé l'extradition, quand elle a été accordée pour des faits dont elle est saisie.

12. Le prévenu a le droit d'invoquer toutes les nullités, dont peuvent être entachés les actes en vertu desquels il a été arrêté.

13. Mais il n'appartient pas à l'autorité judiciaire d'expliquer, ni d'interpréter les actes de gouvernement à gouvernement, relatifs à une extradition (Cass. 25 juillet 1867), ni de statuer sur la demande en nullité de l'acte d'extradition.

14. Des réclamations peuvent cependant être élevées devant la juridiction appelée à juger le fait délictueux ; mais il ne s'ensuit pas qu'elle puisse les juger. Elle doit simplement examiner si l'exception est sérieuse et si le fait sur lequel elle s'appuie est d'une nature grave, et peut constituer une fin de non-recevoir, et, dans le cas de l'affirmative, elle sursoit aux débats jusqu'à ce qu'il ait été statué par l'autorité compétente. Dans le cas de la négative, elle doit passer outre au jugement.

15. Lorsqu'un accusé soutient n'avoir été livré que pour être jugé sur tel chef d'accusation à l'exception de tel autre, et que, d'ailleurs, sa prétention paraît sérieuse, les tribunaux doivent surseoir au jugement de l'affaire, non point pour ordonner l'apport des pièces de nature purement diplomatique, mais seulement pour prendre auprès du Gouvernement tous renseignements utiles par l'intermédiaire du ministère public (Cass. 27 janvier 1887).

Flagrants délits.

Assimilation, 3.	Mandat de dépôt, 10.	Procédure, 4, 5, 6, 9.
Définition, 1. 2.	Parlement, 12.	Relégation, 7, 8, 9, 10.
Effets, 4.	Presse, 11.	

1. *Le flagrant délit est le délit ou le crime qui se commet actuellement ou qui vient de se commetre.*

2. Il y a aussi flagrant délit quand un homme est poursuivi par la clameur publique. (qu'il ne faut pas confondre avec la notoriété), ou que dans un temps voisin du délit, il est trouvé nanti d'effets, armes, instruments ou papiers faisant présumer qu'il est auteur ou complice. Dans ces cas, le coupable peut être arrêté par tout officier de police judiciaire.

3. Le cas assimilé au flagrant délit est celui où s'agissant d'un crime ou d'un délit, même non flagrant, commis dans l'intérieur d'une maison, le chef de la maison requiert l'officier de police judiciaire de le constater.

4. En cas de flagrant délit, l'inculpé est traduit immédiatement à l'audience du tribunal correctionnel (art. 1er loi du 16 mai 1863).

5. Si l'inculpé le demande, le tribunal lui accorde un délai de trois jours, au moins, pour préparer sa défense (art. 4).

6. Dans le cas d'un renvoi pour une cause quelconque à une audience postérieure, le tribunal peut confirmer le mandat de dépôt décerné par le membre du parquet qui a fait subir au prévenu un interrogatoire.

7. La procédure prévue par la loi sur les flagrants délits est interdite par l'art. 11 de la loi de 1885, sur la relégation : « **Lorsqu'une poursuite devant le tribunal correctionnel sera de nature à entraîner l'application de la relégation, il ne pourra jamais être procédé dans les formes édictées par la loi du 20 mai 1863 sur les flagrants délits** ».

8. D'après ce texte, la procédure d'information, la citation directe du ministère public ou de la partie civile peuvent seules permettre au tribunal de statuer sur la relégation.

9. Dans le cas où un tribunal correctionnel serait saisi à tort, en flagrant délit, d'un cas susceptible de relégation, soit, par suite d'une erreur du ministère public, soit, par suite de l'absence ou des omissions du casier judiciaire, soit enfin, par suite d'une fausse identité prise par l'inculpé et qui ne se sera découverte qu'au cours des débats, il n'y a d'autre solution possible que l'annulation de la procédure, à tort engagée par le Parquet (Cass. 10 juin et 9 juillet 1886).

10. Le mandat de dépôt lui-même, décerné en cas de flagrant délit, ne pouvant exister en cette matière, doit être annulé (Limoges. — Cass. 2 juillet 1886).

11. La loi du 20 mai 1863, sur les flagrants délits « **n'est pas applicable aux délits de presse, aux délits politiques, ni aux matières dont la procédure est réglée par des lois spéciales** » (Art. 7).

12. Aux termes de l'art. 14 de la loi constitutionnelle du 16 juillet 1875, l'immunité parlementaire, dont jouissent les membres des deux chambres, cesse d'exister en cas de flagrant délit.

Frais et dépens.

1. On donne, en général, le nom de frais et dépens aux dépenses légales faites ou à faire à l'occasion d'un procès, et que la partie qui succombe doit rembourser à celle qui a obtenu gain de cause.

2. Les dépens, en matière correctionnelle, prennent plus particulièrement le nom de frais de Justice et sont, suivant les circonstances, à la charge de l'Etat, des prévenus ou de la partie civile. Le ministère public ne peut jamais être condamné aux dépens.

3. Art. 162 inst. crim. — **Les parties qui succomberont seront condamnées aux frais, même envers la partie publique**.»

4. Art. 194 inst. crim. — Tout jugement de condamnation contre le prévenu et contre les personnes civilement responsables du délit ou contre la partie civile, les condamnera aux frais même envers la partie publique.
Les frais seront liquidés par le même jugement.

5. Un décret, en date du 18 juin 1811, ayant force de loi, fixe le mode d'exécution du code d'inst. crim. dans les parties qui se rattachent à l'administration de la justice criminelle et aux frais qu'elle nécessite.

6. Ce décret, modifié par celui du 7 avril 1813, soulève, malgré l'instruction générale, en date du 30 septembre 1826, de nombreuses difficultés dans son application.

7. En matière civile, il est laissé au juge un certain pouvoir d'application. Pour la taxe criminelle, rien de semblable : le magistrat ne peut, sous aucun prétexte, dépasser les limites du tarif, déjà si étroites, et que les interprétations ministérielles ont encore restreintes et tendent tous les jours à restreindre davantage. (Circulaire min. du 23 février 1887).

8. C'est une obligation pour le juge de condamner aux frais la partie qui succombe, et le jugement qui, en prononçant des peines contre un prévenu, ne le condamne pas aux frais, doit être cassé, quant à cette omision. (Cass. 9 mars, an VII).

9. Le prévenu condamné pour une seule contravention, alors qu'il était poursuivi pour deux contraventions, et acquitté sur l'une, peut n'être condamné qu'à la moitié des dépens (Cass. 17 août 1861).

10. Le prévenu d'un délit correctionnel, qui n'est reconnu coupable que d'une simple contravention, est nécessairement tenu de tous les frais de l'instance. Il n'est pas tenu seulement de ceux qui se rattachent à la contravention (Cass. 23 avril 1833).

11. Lorsque les prévenus ne sont condamnés que sur une partie des chefs de la prévention, il appartient aux juges d'arbitrer dans quelle proportion les dépens doivent être supportés par les parties civiles et les prévenus. — Le tribunal peut même les compenser (Cass. 12 octobre 1850).

12. La déclaration de culpabilité, quelle qu'en soit la forme, suffit pour motiver la condamnation aux frais du procès (Cass. 23 mars 1853). Ainsi, le prévenu, âgé de moins de 16 ans, déclaré coupable du délit à lui imputé, mais acquitté, comme ayant agi sans discernement, doit être condamné aux frais (Cass. 25 mars 1843 et 2 mai 1845).

13. De même le prévenu, qui n'est renvoyé de la poursuite qu'à raison de la prescription, doit être condamné aux frais (Cass. 12 août 1845, — 9 février 1854).

14. Dans tous les cas, pour être passible des frais, en cas de contraventions, de délits ou de crimes, il faut donc avoir succombé ou avoir été condamné d'une manière quelconque.

15. Les frais, n'étant qu'un accessoire de la condamnation, ne sauraient être mis à la charge du prévenu contre lequel aucune peine n'a été prononcé.

16. Dès lors, le tribunal ne peut condamner aux dépens un prévenu de délit de chasse, sous le prétexte qu'il n'a justifié qu'à l'audience seulement de son permis (Cass. 6 mars 1846).

17. Cependant le prévenu peut être condamné aux frais faits jusqu'au moment de la production de son permis de chasse (Grenoble, 11 novembre 1841).

18. C'est ainsi, également, que l'accusé acquitté doit supporter les frais occasionnés par le défaut (ou la contumace).

19. Les dépens n'étant point une peine, mais la simple restitution des frais de poursuite, ils doivent être assimilés aux réparations civiles et mis, dans tous les cas, à la charge des personnes civilement responsables du délit (art. 156 du décret de 1811. — Rol. de Vil. 29 et s. art. 294 inst. crim).

20. La partie civile, qu'elle succombe ou non, doit être condamnée aux frais envers l'Etat, sauf son recours contre les prévenus condamnés et contre les personnes civilement responsables (art. 157 du décret de 1811).

21. Pour faciliter le paiement de ces frais, la partie civile est tenue de consigner le montant présumé des frais du procès, quand elle agit comme partie jointe, lorsqu'elle a déposé une plainte au parquet, et que, sur cette plainte, le ministère public exerce des poursuites et se livre lui-même aux actes de procédure (Cass. 3 mai 1838).

22. Lorsque la partie civile introduit elle-même l'action, comme l'art 182 du code d'inst. crim. lui en donne le droit, elle n'a pas besoin de faire la consignation, parce que, dans ce cas, elle fait personnellement le déboursé de tous les frais, et que, dès lors, l'administration de l'Enregistrement n'a aucun recouvrement à opérer (Cass. 22 août 1831).

23. Les magistrats devront veiller à ce que la consignation des frais ne soit jamais inférieure à l'importance éventuelle des dépens à exposer (Circ. min. du 23 février 1887).

24. L'art. 158 du décret de 1811 assimile les administrations publiques, les communes et les établissements publics aux parties civiles, mais dans le cas seulement où leur action devrait amener une recette à leur profit.

25. Il n'en est pas ainsi, et les frais doivent rester à la charge du trésor, quand elles n'ont qu'un intérêt moral à la répression du délit.

26. La liquidation des dépens est faite par le jugement, mais elle n'est pas prescrite à peine de nullité (Cass. 24 mai 1869).

27. Il est suppléé à l'omission du jugement au moyen d'un exécutoire, délivré par le juge compétent, au bas d'un état spécial de liquidation (Cass. 14 mai 1869).

28. Cette liquidation doit-elle comprendre les frais ou honoraires dus à l'avoué qui représente une partie civile? L'art. 183 du Code d'inst. crim. autorise, il est vrai, dans certains cas, le prévenu à se faire représenter devant le tribunal de police correctionnelle. Mais, ni le prévenu, ni la partie civile ne sont obligés d'employer le ministère des avoués.

29. Au surplus, les honoraires des avoués et des défenseurs en matière correctionnelle, n'étant pas considérés comme frais de justice criminelle, ne peuvent jamais être mis à la charge du trésor ou des administrations publiques, qui poursuivent, dans l'intérêt de l'Etat, des délits ou des contraventions, à moins que ces administrations n'emploient elles-mêmes le ministère des avoués (instruction générale de 1826).

30. Cependant, la Cour de cassation admet que les tribunaux peuvent faire entrer dans la masse des frais les déboursés et honoraires dus aux avoués des parties civiles.

31. « En matière correctionnelle, dit un arrêt du 27 juin 1861, les frais et honoraires de l'avoué, qui a représenté une partie civile, doivent être mis à la charge de la partie condamnée (autre que l'Etat et les administrations publiques), à moins qu'ils ne soient reconnus frustratoires. — et ces frais doivent être taxés comme en matière sommaire, c'est-à-dire conformément au décret du 16 février 1807 ».

Garantie politique et garantie administrative.

Application, 2.   Autorisation préalable, 4, 5, 6, 7.   Caractère, 1. Garantie administrative, 3.

1. Le législateur a cru devoir entourer de garanties particulières la poursuite et la mise en jugement de certains fonctionnaires, en soumettant l'exercice de l'action publique, à leur égard, à une autorisation préalable. C'est ce qui constitue la garantie politique ou la garantie administrative, selon le caractère du corps de qui elle émane.

2. La garantie politique, est celle qui, pour tous crimes ou délits non flagrants imputés aux ministres, aux membres du Sénat, aux membres du corps législatif et aux membres du conseil d'Etat, subordonne la poursuite à une autorisation préalable devant émaner, en ce qui concerne les premiers, du Sénat, et en ce qui concerne les autres, du corps dont ils font partie.

Loi relative à l'organisation du Sénat, du 24 février 1875, art. 9 : « **Le Sénat peut être constitué en cours de justice pour juger, soit le Président de la République, soit les ministres...** »

Loi constitutionnelle du 16 juillet 1875, art. 14. « **Aucun membre de l'une ou de l'autre chambre ne peut, pendant la durée de la session, être poursuivi ou arrêté en matière criminelle ou correctionnelle qu'avec l'autorisation de la chambre dont il fait partie, sauf le cas de flagrant délit. — La détention ou la poursuite d'un membre de l'une ou de l'autre chambre est suspendue pendant la session, et pour toute sa durée, si la chambre le requiert** ».

3. La garantie administrative est celle qui exige l'autorisation préalable du conseil d'Etat, pour la poursuite des faits relatifs à leurs fonctions, commis par les agents du Gouvernement.

4. L'autorisation préalable est une conséquence toute naturelle du principe de la séparation des pouvoirs, principe fondamental de notre droit public.

5. Il résulte des termes de l'art. 75 de la constitution du 22 frim., an VII, que « Les agents du gouvernement autres que les ministres ne peuvent être poursuivis pour des faits relatifs à leurs fonctions, qu'en vertu d'une décision du conseil d'Etat; en ce cas, la poursuite a lieu devant les tribunaux ordinaires ».

6. Mais un décret du 19 septembre 1870 abroge cet article. Il est conçu en ces termes : « L'art. 75 de la Constitution de l'an VIII est abrogé. — Sont également abrogées toutes autres dispositions des lois générales ou spéciales ayant pour objet d'entraver les poursuites dirigées contre des fonctionnaires publics de tout ordre ».

7. L'art. 75 de la Constitution de l'an VIII ayant été abrogé, il n'est donc plus nécessaire d'une autorisation préalable pour exercer des poursuites correctionnelles contre des agents du gouvernement. C'est là, du moins, ce qui résulte du décret de 1870.

Et cependant une grave controverse s'est élevée sur le point de savoir si les tribunaux judiciaires, saisis de poursuites contre les administrateurs, ont, en même temps, le pouvoir d'apprécier la légalité des actes administratifs et de les interpréter, lorsque cela sera nécessaire pour la solution du litige.

Le tribunal des conflits ne l'admet point.

Voici le raisonnement sur lequel il se fonde : Avant le décret de 1870, la séparation des pouvoirs entraînait deux prohibitions bien distinctes ; l'une relative aux actes administratifs et défendant de les interpréter, et l'autre relative aux administrateurs et défendant de les poursuivre sans autorisation. Cette dernière a été supprimée par le décret du 19 septembre 1870 ; mais la première subsiste dans toute sa force, et l'autorité judiciaire doit, sur les conclusions du fonctionnaire poursuivi, ou même d'office, se dessaisir jusqu'à ce que l'autorité, compétente pour apprécier la légalité des actes administratifs, c'est-à-dire, le conseil d'Etat, ait statué sur ce point.

M. Alfred Gautier, dans son précis des matières administratives, pense, avec la cour de Cassation, que le décret de 1870 a eu ce double résultat de supprimer la nécessité de l'autorisation et de permettre aux tribunaux de connaître des actes administratifs sur lesquelles se fondent les poursuites.

D'après ce judicieux auteur, cela résulte du texte du décret, de son esprit et des précédents. Le texte de ce décret, en effet, ne se contente pas d'abroger l'art. 75 de la Constitution de l'an VIII, il abroge également toutes les dispositions de lois générales ou spéciales ayant pour objet d'entraver les poursuites.

Garantie des magistrats.

1. La garantie judiciaire est la faculté accordée au Procureur général, seul, de poursuivre les magistrats prévenus d'infractions pénales.

2. Ce droit exclusif, qui ne souffre aucune exception, lui est concédé par les articles 479, 480, 481, 482, 483 du Code d'inst. crim. Ces articles s'appliquent à tous les magistrats, même honoraires (Cass. 11 octobre 1850), aux suppléants de juges de paix.

3. L'art. 483 comprend, dans la nomenclature des officiers de police judiciaire, le maire ou l'adjoint inculpé d'un délit correctionnel, le garde champêtre qui commet un délit dans l'étendue de son territoire, et les gardes particuliers qui se rendent coupables d'un délit sur les propriétés confiées à leur garde.

4. Ne sauraient être considérés comme officiers de police judiciaire, protégés par l'art. 483, les simples agents chargés d'un service public, tels que les agents ou les inspecteurs de police, les agents, même assermentés, de l'administration des postes et télégraphes.

5. Le Procureur Général, seul ayant le droit d'action, les magistrats, ou tous autres fonctionnaires ne sauraient être poursuivis devant la juridiction exceptionnelle de la Cour d'appel par la partie qui se prétend lésée (Cass. 10 février 1872 B. C.).

6. Mais, en cas de refus du Procureur Général de mettre l'action publique en mouvement, la partie lésée peut actionner devant les tribunaux civils en réparation du dommage (Cass. 16 décembre 1867).

7. L'abrogation de l'article 75 de la Constitution de l'an VIII n'a apporté aucune modification en cette matière spéciale.

Greffiers.

1. Le greffier est un fonctionnaire public établi près de chaque cour ou tribunal et dont le principal emploi est d'écrire tous les actes du ministère des juges, d'en garder minute et d'en délivrer des expéditions.

2. Dans chaque tribunal d'arrondissement, il y a un greffier qui a le droit d'avoir un ou plusieurs commis assermentés.

3. Nous n'avons pas à nous préoccuper de l'organisation et de la composition des greffiers, pas plus que des conditions qui sont exigées des candidats aux fonctions de greffier.

4. Les devoirs et les obligations des greffiers sont multiples et ne seront pas retracés ici. Ils ne sont pas les mêmes pour toutes les juridictions.

5. Les greffiers sont membres de la juridiction à laquelle ils sont attachés. L'art. 63 de la loi du 20 avril 1810 les assimile aux magistrats, quant à l'empêchement qui existe pour deux parents ou alliés.

6. C'est le greffier qui reçoit toutes les pièces à conviction et en donne décharge (Art. 11 du Code d'instr. crim.).

7. A l'audience correctionnelle, la présence du greffier ou d'un commis-greffier est essentielle, et doit être attestée par le jugement.

8. C'est lui qui lit les procès-verbaux ou rapports, s'il en a été dressé, (190 inst. crim.).

9. Il doit tenir note de toutes les formalités de l'audience (139) (Voir V° notes d'audience).

10. En matière correctionnelle, il doit avoir :

Un répertoire, prescrit par l'art. 49 de la loi du 22 frim. an VII.

Un registre des oppositions et appels correctionnels (135, 208 inst. crim.)

Un registre des pourvois en cassation.

Un registre des consignations des frais pour les parties civiles, — art. 1er de l'ordonnance du 28 juin 1822.

Un registre des pièces à conviction.

Un registre des condamnations à l'emprisonnement (600 inst. crim.)

Un registre des frais de justice criminelle.

Un registre des conflits (ord. du 1er juin 1828, art. 14).

Un registre des jugements qui entraînent privation ou suspension des droits électoraux (Loi du 15 mars 1849, — 31 mai 1850).

Un registre du tableau des récidives (Circ. min. du 3 octobre 1828 et 10 octobre 1834).

Un inventaire des armes déposées (Circ. min. du 6 mars 1852).

11. Un greffe est un dépôt public où les parties intéressées peuvent, en conformité de l'art. 14 de la loi de ventôse, an VII, puiser les renseignements qui leur sont nécessaires.

Ce même droit appartient à toute régie, administration publique, commune ou établissement public. L'art. 158 du décret du 16 juin 1811 les assimile, à cet égard, aux parties civiles. — Ce droit appartient aussi aux agents forestiers (Circ. min. du 24 juin 1852).

12. Le greffier peut remettre, moyennant rémunération, les copies des jugements sans signature, ni cachets à des recueils et à des journaux.

Huis-clos ou débat non public.

1. En principe, les débats des affaires judiciaires doivent être publics, « ..... à moins que la publicité ne soit dangereuse pour l'ordre et les mœurs, et, dans ce cas, le tribunal le déclare par jugement ». (Art. 81 de la Constitution de 1848).

2. Le huis-clos ne peut être ordonné que par une décision positive et motivée, rendue publiquement; une simple énonciation au procès-verbal ne suffirait pas.

3. Le jugement, prononçant le huis-clos, n'a pas besoin d'être rédigé sur minute spéciale et distincte; il suffit qu'il soit rapporté en entier dans le jugement sur le fond.

4. Il doit faire mention que la publicité serait dangereuse pour l'ordre et les mœurs, mais il n'est pas nécessaire que le juge inscrive le texte de l'art. 81.

5. Les cas dans lesquels il y a lieu d'ordonner le huis-clos sont laissés à la prudence des tribunaux, qui peuvent le prononcer d'office.

6. Le huis-clos commence avec les débats et ne peut s'étendre au-delà. Mais il n'englobe pas forcément tous les débats de la même affaire. Le tribunal peut restreindre cette mesure à telle ou telle partie des débats et, par exemple, à une ou plusieurs dépositions.

7. Tous les actes auxquels il est procédé en dehors de l'instruction, et notamment le prononcé des jugements, doivent avoir lieu publiquement.

Huissiers.

1. *Les huissiers sont des officiers ministériels chargés par la loi des significations judiciaires ou extrajudiciaires, de l'exécution forcée des actes publics et du service intérieur des tribunaux.*

2. Supprimés par l'assemblée constituante, les huissiers n'ont pas tardé à recouvrer le droit d'instrumenter. Mais ce n'est que par décret du 14 juin 1813 qu'ils ont été constitués en communauté.

3. En principe, ils ont le privilège de faire toutes les citations et significations qui nécessitent l'examen des procès ou l'exécution des mandements de justice.

4. En matière criminelle, ils peuvent signifier les actes et jugements du ministère public sur minute.

5. Dans certains cas particuliers, les huissiers partagent avec d'autres agents le droit d'instrumenter.

6. Ainsi, en matière forestière, les gardes forestiers peuvent citer et notifier, mais non exécuter ;

En matière de contributions indirectes, les agents de l'administration ont les mêmes pouvoirs que les gardes forestiers.

En matière de douanes, les préposés des douanes ont des attributions aussi étendues que les huissiers. — Un arrêt de Cassation des 1er et 10 décembre 1830 leur reconnait le droit de poser des exploits, de faire des significations de jugement et de notifier des actes d'appel.

Les porteurs de contrainte, en matière de Contributions Directes, signifient les commandements et font tous les actes d'exécution.

7. Les gendarmes, en cas d'urgence, peuvent, à la requête du ministère public, faire la citation et la signification.

Les gardes éclusiers ont le droit de citer, en cas de contravention aux lois sur la voirie.

8. Les huissiers étant des fonctionnaires publics, sont à ce titre, susceptibles d'être atteints par l'art. 114 du Code Pénal, dans les cas prévus par cet article.

9. Ils doivent écrire tous les actes sur papier timbré, à peine d'amende. Mais, dans les affaires poursuivies à la requête du ministère public, en matière correctionnelle, le papier est visé pour timbre.

10. Ils sont tenus de faire enregistrer leurs actes dans les quatre jours de leur date.

11. L'art. 20 de la loi du 10 juillet 1862 complète le décret du 29 août 1813 et dispose que tous les actes des huissiers doivent être corrects et lisibles et sans abréviation, sous peine d'une amende de 25 fr.

12. Les huissiers, chargés de l'extraction des prévenus de la maison d'arrêt pour les conduire à l'audience, sont responsables de leur évasion, lorsqu'ils ont été confiés à leur garde. Ils doivent prendre les précautions que la prudence exige ; requérir, notamment, la gendarmerie de leur prêter main forte (Décret du 18 juin 1811, art. 77 § 3, — décret du 1er mars 1854, art. 9 et 98).

13. L'art. 40 du décret du 14 juin 1813 porte, que «L'exercice du ministère d'huissier est incompatible avec toute fonction publique salariée ».

Identité (reconnaissance d')

1. *C'est la procédure ayant pour objet de constater que l'individu contre lequel on veut exécuter une condamnation est bien réellement celui qui a été frappé par cette condamnation.*

2. Les formalités à suivre ont été tracées par une loi du 4 frimaire, an VIII, dont les dispositions sont reproduites assez exactement dans les articles 518 et 520 du Code d'inst. crim.

3. En matière correctionnelle, la reconnaissance de l'identité d'un condamné évadé et repris, appartient au tribunal ou à la Cour qui a prononcé la condamnation.

4. Il y a lieu à procédure sur identité pour faire radier des condamnations du casier judiciaire, qui frappent par erreur un homonyme.

Indivisibilité.

Caractère, 2. | Définition, 1. | Jonction de procédure, 3, 4, 5, 6, 7.

1. On ne trouve dans aucune loi la définition de l'indivisibilité des procédures, mais le principe est reconnu par une jurisprudence constante.

2. Une seule disposition se rapporte à ce principe et est contenue dans l'art. 307 du Code d'inst. crim. : « Lorsqu'il aura été formé à raison du même délit plusieurs actes d'accusation contre différents accusés, le Procureur général pourra en demander la jonction, et le président pourra l'ordonner, même d'office ».

3. Il y a également lieu à jonction, en cas de connexité de plusieurs crimes et délits. Ainsi l'article 226 du Code d'inst. crim. veut que « la cour statue par un seul et même arrêt sur les délits connexes dont les pièces se trouvent en même temps produites devant elles ».

(Voir v° connexité, p. 54).

4. Lorsque la jonction a eu lieu, de même que lorsqu'un débat embrasse plusieurs chefs, l'accusation devient indivisible, ainsi que l'a décidé la cour de cassation dans un arrêt du 29 nov. 1834.

5. Toutes les fois qu'il s'agit, par conséquent, d'un seul délit, à la charge de plusieurs individus, l'instruction et le jugement doivent avoir lieu sans division.

6. Dans la discussion de la loi, dite de disjonction, M. Nicod disait : « Qu'est-ce que l'indivisibilité des procédures ? A quel caractère la reconnaît-on ? — C'est lorsque plusieurs individus sont accusés du même crime, entraînant la même peine. Alors, les procédures sont indivisibles, parce que le crime n'est pas divisible de sa nature. Cette indivisibilité est un fait absolu, un fait qui n'admet ni plus, ni moins un fait qui se manifeste par lui-même, qui résulte de l'essence même des choses, et entraîne avec lui des conséquences inévitables ». (Séance de la chambre des députés du 1er mars 1837).

7. Toutes les fois qu'il s'agit d'un seul délit à la charge de plusieurs individus, l'instruction, et par suite le jugement, doivent avoir lieu sans division. Tel est le principe (Morin).

Inscription de Faux.

1. C'est l'acte par lequel on soutient en justice qu'une pièce produite dans un procès est fausse. C'est là, à proprement parler, un faux incident.

2. Le Code d'instruction criminelle se préoccupe de la procédure spéciale à suivre dans cette matière, dans les articles 458 et 459.

3. Il n'est pas sans intérêt de remarquer que les dispositions de ces articles ne sont pas applicables au ministère public.

Elles ne concernent que des intérêts privés et jamais l'action publique. Voici, en effet, dans quels termes s'expriment les art. 458 du Code d'inst. crim. : « Si dans le cours d'une instruction ou d'une procédure, une pièce produite est arguée de faux par une des parties, elle sommera l'autre si elle entend se servir de la pièce », et l'art. 459 du même code, § 2 : « Si la partie déclare qu'elle entend se servir de la pièce, l'instruction sur le faux sera suivie incidemment devant la cour ou le tribunal saisi de l'affaire principale ».

4. L'art. 460 règle la marche à suivre, en cas de l'admission de l'inscription de faux.

5. L'inscription de faux, contre les procès-verbaux qu'aucune preuve ne vient ébranler, constitue un faux incident. Elle a pour but de convertir les énonciations de ces procès-verbaux, de manière à détruire la contravention elle-même.

6. Cette procédure ne peut être suivie que quand le prévenu n'a pas le droit de faire usage de la preuve contraire.

7. Le tribunal ne saurait l'admettre en présence d'un procès-verbal contre lequel le prévenu est admis par la loi à faire entendre des témoins.

8. On trouvera au mot « procès-verbaux » la nomenclature complète des rapports et procès-verbaux, qui font foi jusqu'à inscription de faux. Nous nous bornons à rappeler qu'ils concernent notamment les procès-verbaux faits en matière de contributions indirectes, de douanes, de forêts.

9. L'inscription de faux ne peut pas être indifféremment proposée. Elle ne doit l'être qu'autant qu'elle aurait pour conséquence de faire prononcer la nullité du procès-verbal ou de « justifier les prévenus de la fraude ou des contraventions qui leur sont imputées (art. 42 du décret du 1er germinal, an XIII).

10. La forme dans laquelle la déclaration de l'inscription de faux doit être faite est tracée par l'art. 40 du du décret de l'an XIII et l'art. 12 de la loi du 9 floréal, an VII : « Celui qui voudra s'inscrire en faux contre un rapport sera tenu d'en faire la déclaration par écrit, en personne ou par un fondé de pouvoir spécial passé devant notaire.....

Cette déclaration sera reçue et signée par le juge et le greffier, dans le cas où le déclarant ne saurait ni écrire, ni signer ».

11. Ces textes sont communs aux matières des contributions indirectes et des douanes.

12. Dès lors, une déclaration faite par le prévenu soit à l'audience, soit au greffe, serait insuffisante, la loi voulant essentiellement un acte personnel de la partie. Il n'en serait pas ainsi si le prévenu ne savait ni signer, ni écrire.

13. La forme est différente en matière forestière et de pêche fluviale. Les articles 179 du Code forestier et 46 de la loi du 15 avril 1829 disposent que : « le prévenu qui voudra s'inscrire en faux contre le procès-verbal sera tenu d'en faire par écrit et en personne ou par fondé de pouvoir spécial, par acte notarié, la déclaration au greffe du tribunal.... Cette déclation sera reçue par le greffier du tribunal ; elle sera signée par le prévenu ou par son fondé de pouvoir et, dans le cas où il ne saurait ou ne pourrait signer, il en sera fait mention expresse...»

14. Cette déclaration doit être faite dans les délais assez restreints, que la loi a prévus d'une manière expresse et rigoureuse.

15. En matière de contributions indirectes et de douanes, elle sera faite « ..... au plus tard à l'audience indiquée par la sommation de comparaître devant le tribunal..... » — (art. 12 de la loi du 9 floréal,an VII).

16. En matière forestière : « avant l'audience indiquée par la citation », — art. 179 du Code forestier.

17. Il faut compléter ces indications par l'art. 170 du Code forestier et 57 de la loi du 15 avril 1829; ce dernier est ainsi conçu :

« Le prévenu, contre lequel aura été rendu un jugement par défaut, sera encore admissible à faire sa déclaration d'inscription de faux pendant le délai qui lui est accordé par la loi pour se présenter à l'audience sur l'opposition par lui formée ».

18. Le prévenu est enfin tenu de faire le dépôt des moyens de faux. Art. 12 de la loi du 9 floréal, an VII, — 40 du décret du 1er germinal, an XIII, — 56 de la loi du 15 avril 1829, — 179 du Code forestier :

«........ Celui qui voudra s'inscrire en faux...... devra, dans les trois jours suivants, faire au greffe du tribunal, le dépôt des moyens de faux, des noms et qualités des témoins qu'il voudra faire entendre ».

19. Les diverses formalités que nous venons de passer en revue sont toutes prescrites à peine de déchéance.

20. Après l'accomplissement de ces formalités, il appartient au tribunal de se prononcer. Lui seul est souverainement juge de la pertinence et de l'admissibilité de l'exception soulevée.

L'art. 179 dit, en effet : «........ §. 4 « A l'expiration du délai, et sans qu'il soit besoin d'une citation nouvelle, le tribunal admettra les moyens de faux, s'ils sont de nature à détruire l'effet du procès-verbal.....»

21. Le jugement rendu par le tribunal est soumis à certaines formes, dans le cas où il admet l'exception de faux. — Il convient de se conformer aux dispositions impératives de l'art. 223 du Code d'inst. crim. qui s'exprime ainsi : « Les moyens de faux qui sont déclarés pertinents et admissibles seront énoncés expressément dans le dispositif du jugement qui permettra d'en faire la preuve, et il ne sera fait preuve d'aucun autre moyen..... »

22. L'inscription de faux est personnelle à celui quil'invoque. Des co-prévenus ne sauraient donc se prévaloir de la procédure suivie par l'un d'entre eux, ni bénéficier du succès accordé à ce dernier.

23. Il en serait autrement cependant si le fait contraventionnel était indivisible. Art. 185 du code forestier et 50 de la loi de 1829 : « Lorsqu'un procès verbal sera rédigé contre plusieurs prévenus et qu'un ou quelques uns d'entre eux seulement s'inscriront en faux, le procès-verbal continuera de faire foi à l'égard des autres, à moins que le fait sur lequel portera l'inscription de faux ne soit indivisible et commun aux autres prévenus.»

24. L'exception de faux est préjudicielle au jugement sur la contravention. Le tribunal doit donc prononcer un sursis (Art. 460 inst. crim.) Il ne saurait se déclarer incompétent.

Interdiction des droits civils, civiques et de famille.

Cas, 2, 3. Définition, 1. | Durée, 12. Jugement, 5, 6, 7, 8, 10, 11. | Peines, 2, 3, 4, 9.

1. *L'interdiction de certains droits civiques, civils et de famille est une peine.*

Art. 9 du Code Pénal : « Les peines en matière correctionnelle sont : 1°..... 2° l'interdiction à temps de certains droits civils, civiques ou de famille.... 3°..... ».

2. L'art. 42 du Code Pénal dispose, que « les tribunaux jugeant correctionnellement pourront, dans certains cas, interdire, en tout ou en partie, l'exercice des droits civiques, civils et de famille suivants :
1° De vote et d'élection;
2° D'éligibilité ;
3° D'être appelé ou nommé aux fonctions de juré ou autres fonctions publiques, ou aux emplois de l'administration, ou d'exercer ces fonctions ou emplois ;
4° Du port d'armes ;
5° De vote et de suffrage dans les délibérations de famille ;
6° D'être tuteur, curateur, si ce n'est de ses enfants et sur l'avis seulement de la famille;
7° D'être expert ou employé comme témoin dans les actes ;
8° De témoignage en justice autrement que pour y faire de simples déclarations.

3. Enfin l'art. 43 du même code : « les tribunaux ne prononceront les interdictions que lorsqu'elles auront été autorisées ou ordonnées par une disposition particulière de la loi ».

4. L'interdiction des droits civils, civiques ou de famille est donc une peine correctionnelle accessoire. — L'art. 113 du Code Pénal parait, seul, faire exception à cette règle.

5. De l'expression « dans certains cas », contenue dans l'art. 42, il résulte que l'interdiction dont il s'agit ne peut être prononcée que dans le cas où la loi s'en explique formellement. Au surplus, l'art. 43 porte, que les tribunaux ne prononceront l'interdiction des droits civiques, civils ou de famille que lorsqu'elle aura été autorisée ou ordonnée par une disposition particulière de la loi.

6. Les dispositions particulières dont il s'agit n'ont pas toujours le même caractère : quelquefois elles sont *impératives* et *obligatoires* pour les tribunaux (Voir notamment les art. 109, 112, 113, 171, 175, 185, 187, 197 et 335 du Code Pénal) ;

7. D'autres fois, elles sont purement *facultatives*, et livrent au pouvoir discrétionnaire du juge l'application des incapacités qu'elles déterminent (Art. 86, 89, 91, 123, 388, 401, 405, 406 et 410 du Code Pénal).

8. Dans le premier cas, si les juges s'abstenaient de prononcer l'interdiction prescrite par la loi, alors même qu'elle n'aurait pas été requise par le ministère public, leur jugement sera annulable, à moins toutefois qu'ils n'eussent reçu et constaté l'admission de circonstances atténuantes (Dalloz Vᵒ Seine).

9. L'interdiction de certains droits civiques, civils ou de famille est temporaire et ne dure que le temps fixé par le jugement qui l'a prononcée.

10. L'art. 42, § 2, qui autorise les tribunaux correctionnels à interdire l'exercice de certaines fonctions et emplois publics, ne comprend pas les offices.

12. En conséquence, en condamnant un officier ministériel à la peine de l'emprisonnement, pour délit d'escroquerie, les juges ne peuvent ordonner qu'il sera, à l'expiration de sa peine, interdit pendant un certain nombre d'années de l'exercice de ses fonctions (Cass. 30 avril 1863).

13. Lorsque le jugement, en prononçant la peine de la privation des droits civiques, civils ou de famille, a omis d'en déterminer la durée, c'est le minimum de cette peine qui doit être appliqué, suivant un arrêt du 8 septembre 1843, de la cour de Riom.

Interdiction de séjour.

1. L'interdiction de séjour a été substituée par la loi du 27 mai 1885 à la surveillance de la haute police, qui est désormais supprimée.

2. Cette peine, aux termes de l'art. 19 de la loi précitée, consiste dans... « la défense faite au condamné de paraître dans les lieux dont l'interdiction lui sera signifiée par le gouvernement avant sa libération ».

3. Les individus soumis à la surveillance de la haute police ne sont

donc plus astreints aux obligations qui leur étaient autrefois imposées.
Ils sont dispensés de souscrire des déclarations de résidence, de recevoir
des passe-ports recognitifs, de séjourner six mois dans une commune.....
etc. — Ils sont libres, en un mot, de se rendre où bon leur semble, à la
condition de ne point paraître dans les localités interdites. (Circulaire min.
int. 1ᵉʳ juillet 1885).

4. Pour l'exécution de cette loi, l'art.19, § 5, dispose que **« dans les trois
mois qui suivront la promulgation de la présente loi, le gouvernement signi-
fiera aux condamnés, actuellement soumis à la surveillance de la haute police, les lieux dans lesquels il leur sera interdit de paraître pendant le temps qui
restera à courir de cette peine »**.

5. Les tribunaux correctionnels prononceront la peine de l'interdiction
de séjour dans tous les cas et pour toutes les infractions auxquelles était
appliquée autrefois la peine de la surveillance de la haute police.

6. L'art. 19 de la loi de 1885, tout en supprimant et en modifiant certaines parties de la loi relative à la surveillance de la haute police, maintient.
dans son article 4, les peines encourues par les contrevenants (conformément à l'art. 45 du Code Pénal) à l'interdiction de séjour.

7. Art. 8 de la loi de 1885 : **« Celui qui a encouru la relégation par application de l'art. 4 de la loi de 1885, s'il n'avait pas dépassé 60 ans, sera, à
l'expiration de sa peine, soumis à perpétuité à l'interdiction de séjour édictée
par l'art. 19. »**
S'il est mineur de 21 ans...... »

8. La procédure des flagrants délits étant exclue par la loi de 1885
dans son art. 11, pour toutes les poursuites devant les tribunaux correctionnels de nature à entraîner l'application de la relégation, doit-elle être
exclue également pour celles pouvant entraîner l'interdiction perpétuelle
de séjour et de renvoi dans une maison de correction ?

9. Il faut répondre affirmativement sur ce point malgré les termes res-
trictifs de l'art. 11. « La loi de 1885, dit M. Jambois, dans le *Code pratique de la Relégation*, n'emploie, en effet, dans tous ses articles, ce mot ré-
légation, que comme mot générique et elle ne distingue les diverses peines de relégation, d'interdiction perpétuelle de séjour ou de renvoi dans
une maison de correction que par l'âge des condamnés, les conditions dé-
terminantes de la mesure devant toujours être semblables. »

10. Il y a donc assimilation absolue, dans tous les cas.

11. Du reste, l'interdiction perpétuelle de séjour et le renvoi dans une
maison de correction sont des peines assez graves pour que la garantie de
l'information leur soit également réservée.

12. Un défenseur d'office devra être désigné en cas d'interdiction perpétuelle de séjour.

Interprétation des jugements.

1. Les juges ont, en toute matière, le droit d'interpréter leurs jugements.

2. « Le recours en interprétation, dit Carré, offre deux avantages certains; l'un d'éviter que les parties se méprenant sur le véritable sens d'un jugement ne se fourvoient pas dans l'exécution, l'autre de prévenir des appels qui ne prendraient leur source que dans l'obscurité de la décision ».

3. Il peut y avoir lieu à interprétation lorsque les termes dans lesquels un jugement a été rendu présentent quelque ambiguïté ou quelque obscurité, que des doutes peuvent s'élever sur son sens et sur sa portée.

4. Aucune loi ne trace de règle spéciale en cette matière, mais la jurisprudence a déclaré que le recours en interprétation devant une cour qui a rendu un arrêt dont la rédaction offre un sens obscur ou ambigu, n'étant défendu par aucune loi, est permis, dès qu'il ne tend à apporter aucune modification à la chose jugée.

5. Tous les tribunaux, civils et criminels, d'exception... etc.., peuvent exercer le droit d'interprétation, et c'est aux juges qui ont rendu la sentence que le droit de l'interpréter appartient, naturellement et nécessairement.

6. Mais il faut qu'une difficulté sérieuse et réelle se soit élevée entre les parties sur l'exécution de la décision à interpréter.

7. Ainsi, devrait être déclarée irrecevable une demande en interprétation qui ne porterait que sur l'interprétation des motifs en dehors de toute difficulté sur l'exécution.

8. De même, il est interdit, sous prétexte d'interpréter, de réformer une décision antérieurement prononcée.

Interprètes.

1. Le code d'instruction criminelle ne contient pour les tribunaux inférieurs aucune disposition analogue aux dispositions des articles 332 et 333 spéciales aux Cours d'assises.

Mais les règles qu'ils édictent doivent être appliquées, par analogie, aux affaires jugées devant les tribunaux correctionnels.

2. Voici les termes de ces art. : Art. 332 du code d'inst. crim. « **Dans le cas où l'accusé, les témoins ou l'un d'eux ne parleraient pas la même langue ou le même idiôme, le président nommera d'office, à peine de nullité, un interprète âgé de 21 ans au moins, et lui fera, sous la même peine, prêter serment de traduire fidèlement les discours à transmettre entre ceux qui parlent des langages différents ».**

L'accusé et le Procureur Général pourront récuser l'interprète, en motivant leur récusation.

L'interprète ne pourra, à peine de nullité, même du consentement de l'accusé ou du Procureur général, être pris parmi les témoins, les juges et les jurés ».

3. Art. 333 du code d'inst. crim. ‹ Si l'accusé est sourd-muet et ne sait pas écrire, le Président nommera d'office pour son interprète la personne qui aura le plus d'habitude de converser avec lui. — Il en sera de même à l'égard du témoin sourd-muet..... »

4. La nomination d'un interprète est faite par le Président.

5. Aucune forme n'est prescrite (Cass. 18 fév. 1870). — Mention de cette nomination est faite dans le jugement, ainsi que de la prestation de serment. On indiquera les nom, prénoms, âge et demeure de l'interprète.

6. L'art. 332 n'exige pas que l'interprète soit Français et jouisse des droits civils.

7. Une femme peut servir d'interprète (Cass. 16 avril 1818).

8. Peuvent être désignés, pour servir d'interprète à l'accusé, le greffier (Cass. 22 janv. 1808), le gardien de la prison (Cass. 22 juin 1827).

9. Mais un témoin ne peut servir d'interprète, même lorsqu'il a été entendu (Cass. 30 décembre 1853).

10. L'âge de 21 ans n'est pas exigé pour l'interprète des sourds-muets, accusés ou témoins.

11. Une indemnité est allouée aux interprètes, quand ils la requièrent (art. 16 du décret du 18 juin 1821).

Intervention.

1. *L'intervention est l'acte par lequel un tiers étranger au début d'une contestation s'y présente, pour y prendre part à son tour.*

2. Cette voie de procéder est admissible en matière correctionnelle, bien que la loi criminelle n'ait tracé aucune règle à ce sujet.

3. La partie civile qui se constitue au cours des débats et réclame la réparation à laquelle elle prétend avoir droit, pour le crime ou le délit dont elle a souffert, fait un véritable acte d'intervention.

4. Il en est de même de la partie civilement responsable d'un délit ou d'une contravention qui peut avoir intérêt à faire échec à l'action du Ministère Public (Cass. 7 mars 1854).

5. Pour intervenir, la partie civile n'a pas besoin, au préalable, de porter plainte. Tant que la clôture des débats n'est pas prononcée, son droit d'intervention est entier. Il l'est aussi, bien qu'elle ait été entendue comme témoin, soit devant les agents de police judiciaire, soit devant le tribunal lui-même. Mais, dans ce dernier cas, la déposition de la partie civile doit être écartée des débats (Voir V° partie civile).

6. L'intervention qui ne s'est pas produite en première instance, n'est recevable ni en appel, ni devant la Cour de cassation.

<hr>

Jugements

1. *Les jugements sont des décisions rendues par un juge ou par un tribunal quelconque sur un point soumis à son appréciation.*

2. Ils doivent spécialement s'appliquer à une affaire déterminée. En effet, l'art. 5 du Code civil « **défend aux juges de prononcer par voie de disposition générale et réglementaire sur les causes qui leur sont soumises** ».

3. Les jugements reçoivent différentes qualifications, selon leur objet et les circonstances dans lesquelles ils ont été rendus et selon la position et la qualité du juge qui les a prononcés.

4. On distingue : 1° les jugements en premier et en dernier ressort; 2° les jugements contradictoires, c'est-à-dire qui ont été rendus sur la défense de deux parties, et les jugements par défaut, ou prononcés après l'audition d'une seule partie ; 3° les jugements définitifs, c'est-à-dire qui terminent la contestation, et 4° les jugements avant faire droit, qui se divisent en préparatoires, interlocutoires et provisoires... etc...

5. La composition légale du tribunal est réglée par les articles des lois et décrets suivants :

Loi du 30 août 1883, art. 4 : « **Les jugements des tribunaux de première instance sont rendus par des magistrats délibérant en nombre impair.**

Ils sont rendus par trois juges, au moins.

Lorsque les membres d'un tribunal siégeant dans une affaire seront en nombre pair, le dernier des juges dans l'ordre du tableau devra s'abstenir.

Le tout à peine de nullité ».

6. Art. 10 de la loi du 30 août 1883 : « **Ne pourra, à peine de nullité, être appelé à composer la cour ou le tribunal, tout magistrat titulaire ou suppléant** dont l'un des avocats ou avoués représentant l'une des parties intéressées au procès sera parent ou allié jusqu'au troisième degré inclusivement. »

7. Art. 48 du décret du 30 mars 1808 : « **Le président et les vice-présidents seront, en cas d'empêchement, remplacés, pour le service de l'audience, par le juge présent le plus ancien dans l'ordre des nominations** ».

8. Art. 49 du décret du 30 mars 1808 : « **En cas d'empêchement d'un juge, il sera, pour compléter le nombre indispensable, remplacé ou par un autre juge d'une autre chambre qui ne tiendrait pas audience dans le même temps, ou par l'un des juges suppléants, en observant, dans tous les cas, et autant que faire se pourra, l'ordre des nominations.**

A défaut de suppléants, on appellera un avocat attaché au barreau et, à son défaut, un avoué, en suivant aussi l'ordre du tableau ».

9. Mais les membres du tribunal doivent toujours être en majorité. Ainsi, est valable la composition suivante : Trois juges suppléants, ou un juge, un juge suppléant et un avocat, ou bien un juge, un juge suppléant et un avocat, ou bien encore, deux juges suppléants et un avocat.

10. Lorsque deux juges, parents ou alliés au degré prohibé par l'art. 43 de la loi du 20 avril 1810, (c'est à dire jusqu'au degré d'oncle et neveu inclusivement), siègent en même temps, en cas de même opinion, leurs voix ne comptent que pour une (Cass. 21 nov. 1866).

Il doit en être de même pour un avocat remplaçant un juge.

11. L'avocat ou l'avoué, appelé en remplacement d'un juge empêché, doit, aux termes de l'art. 49 du décret précité, être appelé suivant l'ordre du tableau. — Le tribunal se conforme à la loi, en appelant, pour siéger, le plus ancien, dans l'ordre du tableau, des avocats ou des avoués présents à la barre.

12. Est nul, tout jugement qui ne mentionne pas d'une manière expresse qu'un avoué a siégé par suite de l'empêchement des juges suppléants et des avocats (Cour de Limoges, 1886).

13. Néanmoins, un avocat, bien qu'inscrit au tableau, ne peut être appelé à siéger pour compléter le tribunal, s'il n'a pas atteint l'âge de 25 ans ; et ce fait entraînerait la nullité du jugement (Toulouse, 31 mai 1836).

14. Un juge suppléant, dont le concours n'est pas nécessaire pour la validité du jugement, ne doit pas prendre part à la délibération, mais il peut assister aux débats.

15. Un simple avocat stagiaire ne peut être appelé à compléter un tribunal ; le jugement serait alors entaché de nullité.

16. Il y a obligation pour les juges qui rendent un jugement d'avoir assisté à toutes les audiences de la cause. C'est l'art. 7 de la loi du 20 avril 1810, qui a posé cette règle, à peine de nullité. Placé sous la rubrique des cours d'appel, cet article s'applique aux jugements de toutes les juridictions.

La jurisprudence est unanime sur ce point : c'est en matière criminelle et correctionnelle qu'elle a été appelée surtout à faire application de cette règle (Cass. 29 septembre 1820, — 30 août 1821).

17. Voir v° ministère public, n° 9 et suivants, les règles qui concernent spécialement le ministère public sur ce point.

18. Mais, il n'est pas nécessaire que les juges, qui statuent sur une opposition à un jugement par défaut, soient les mêmes que ceux qui ont prononcé le défaut.

19. De même, lorsqu'un jugement d'appel de police correctionnelle a statué définitivement sur deux chefs de la prévention et ordonné un interlocutoire sur le troisième, il ne peut résulter une nullité de ce que le jugement du fond, sur le dernier chef, aurait été rendu par d'autres juges que ceux qui avaient concouru au premier, si, d'ailleurs, il a été précédé d'un nouveau rapport, si le prévenu a pris des conclusions et si les témoins ont été entendus.

20. De même encore, le concours à un jugement correctionnel d'un juge qui n'a point assisté à une audience antérieure, dans laquelle il n'avait été statué que sur une remise de cause et sur des conclusions tendant à une nouvelle audition de témoins, n'est point une cause de nullité, alors que l'instruction faite à l'audience, dans laquelle est intervenue le dernier jugement, a compris le rapport du juge, les conclusions des parties, l'audition des témoins et tous les éléments d'information orale sur lesquels le tribunal avait à former sa conviction (3 mars 1849, Cass.)

21. Les mentions d'un arrêt, relatives à la présence des magistrats qui y ont concouru, ne peuvent être attaquées que par la voie de l'inscription de faux : elles ne peuvent pas être combattues par la production d'un extrait des minutes du greffe, tendant à les contredire (Cass. 24 juillet 1867), ni par les énonciations du plumitif (Cass. 10 mai 1859).

22. Lorsque plusieurs audiences ont été consacrées à une affaire, il y a présomption que les juges qui ont concouru au jugement ont assisté à toutes les audiences (Cass, 9 avril 1866).

23. Le juge ne doit statuer que sur ce qui forme l'objet du procès. La citation, les conclusions du ministère public ou de la partie civile limitent ses pouvoirs.

24. Il y aurait lieu à annulation, d'après l'art. 408 du Code d'inst. crim. « Lorsqu'il aura été omis ou refusé de prononcer, soit sur une ou plusieurs demandes de l'accusé, soit sur une ou plusieurs réquisitions du ministère public, tendant à user d'une faculté ou d'un droit accordé par la loi, bien que la peine de nullité ne fût pas textuellement attachée à l'absence de la formalité dont l'exécution aura été demandée ou requise.

25. L'art. 413 du même code rend l'art. qui précède applicable expressément aux matières correctionnelles et de police.

26. Il est admis, en matière de contravention et de délit, que le tribunal ne doit statuer que sur la contravention ou le délit spécialement indiqué dans l'assignation, encore bien que le procès-verbal qui sert de base à la poursuite en constate plusieurs.

27. D'après une jurisprudence constante, le juge correctionnel, régulièrement saisi, n'est jamais lié par la qualification donnée aux faits dont il est saisi, soit par la juridiction qui lui en a envoyé la connaissance, soit par la citation.

Si cette qualification lui parait erronée, il peut la rectifier, et, s'il y a lieu, se déclarer incompétent.

28. Mais le juge commettrait un excès de pouvoir s'il se prononçait sur des matières qui ne sont pas de sa compétence d'attribution. (Cass. 19 fév. 1808).

29. Le juge a le droit d'ordonner des interlocutoires, de prononcer des sursis ou remises de causes, dans le but de se procurer de nouveaux éléments d'appréciation.

30. Le sursis peut avoir lieu sur la demande du ministère public, de la partie civile ou du prévenu.

31. En cas de sursis, le tribunal doit fixer un délai, passé lequel l'instance sera reprise, assignation tenante, pour éviter de nouveaux frais.

32. Les juges peuvent former leur conviction sur tous les documents résultant de l'instruction et des débats.

Leur décision n'est que le résultat de leur intime conviction.

33. L'aveu du prévenu peut suffire pour la preuve du délit (voir v° aveu).

34. Bien qu'en matière correctionnelle le débat soit oral, les magistrats peuvent cependant porter leur examen sur tous les documents que l'instruction a recueillis, et, notamment, puiser les éléments de leur conviction dans les déclarations écrites des témoins absents. (Cass. 30 octobre 1885).

35. D'après l'art. 35 de la loi du 30 mars 1808 : «**Le Président recueillera les opinions après que la discussion sera terminée.**

Les juges opineront à leur tour, en commençant par le dernier reçu».

La discussion est permise.

36. Il est de principe, en cas de partage d'opinion, de suivre l'avis le plus favorable au prévenu. — Il doit en être de même, lorsque les trois magistrats, composant le tribunal correctionnel, sont tous d'un avis différent.

37. Les juges doivent délibérer et opiner en secret. C'est là un principe constant et qui trouve sa consécration dans la formule du serment que tout magistrat est appelé à prêter, aux termes de l'art. 3 de la loi du 8 août 1849 :

« *En présence de Dieu et devant les hommes, vous jurez et promettez de bien et fidèlement remplir vos fonctions, de garder religieusement le secret des délibérations et de vous conduire en tout comme un digne et loyal magistrat* ».

38. Ils ne peuvent révéler leur opinion, ni faire connaître le partage qui a pu se produire. — Ces sages préceptes sont trop souvent méconnus, au grand détriment de la dignité et de l'indépendance des magistrats.

39. Le jugement doit, aux termes de l'art. 7 de la loi du 20 avril 1810, § 2 : « **être rendu publiquement….. »**

40. Aussi, dans le cas où le huis-clos aurait été prononcé, le Président doit ordonner l'ouverture des portes, avant de donner lecture du jugement.

Est nul le jugement qui omet de constater la publicité de l'audience à laquelle il a été rendu (Cassation 13 novembre 1885).

41. Il doit, en outre, suivant l'art. 190 du Code d'inst. crim. : « **être prononcé de suite, ou, au plus tard, à l'audience qui suivra celle où l'instruction a été terminée** ».

42. Cette obligation n'est pas prescrite, à peine de nullité. (Cass. 6 novembre 1850).

43. Mais si le tribunal a mis la cause en délibéré, sans indication du jour ou le jugement serait prononcé, ce jugement ne peut être rendu en l'absence du prévenu et sans qu'il ait reçu un avertissement (Cass. 22 août 1862).

44. Tout jugement, enfin, doit être motivé.

Les motifs sont les raisons d'après lesquelles le juge s'est déterminé à prononcer. Ces raisons doivent figurer, comme parties intégrantes, dans la rédaction de tous les jugements.

45. C'est avec le dispositif, ce qui est prescrit, en cinquième lieu, par l'art. 141 du Code de procédure civile, ainsi conçu :

« **La rédaction contiendra….. les motifs et le dispositif du jugement** » et reproduit dans l'art. 195 du code d'inst. crim., § 1er : « **Dans le dispositif de tout jugement de condamnation seront énoncés les faits dont les personnes citées seront reconnues coupables ou responsables la peine, et les condamnations civiles** ».

46. L'application de la loi ne saurait donc être justifiée par la seule énonciation de la qualification légale donnée à ces faits.

47. Aussi, les jugements de condamnation doivent énoncer tous les faits matériels qui sont résultés de l'instruction, à peine de nullité.

48. N'est pas suffisamment motivé le jugement qui ne précise, ni n'explique le fait qu'il qualifie délit et qui se borne à dire que le fait imputé constitue tel délit (Cass. 15 nov. 1850 — 23 janv. 1857).

Il doit préciser le lieu, l'époque et les circonstances qui peuvent donner à ce fait les caractères du délit (mêmes arrêts).

49. De même, dans les crimes ou délits dont la loi a fixé les faits constitutifs, la peine ne peut être légalement prononcée que sur la déclaration de l'existence de ces faits élémentaires (Cass. 12 août 1853).

50. Toutefois, lorsque les caractères de culpabilité du fait imputé sont énoncés dans le jugement, il n'est pas nécessaire qu'ils soient reproduits dans le dispositif. (Cass. 10 janv. 1846).

51. En particulier, les faits diffamatoires sont caractérisés par l'arrêt qui constate que les propos qui sont reprochés aux prévenus, sont suffisamment établis ; cette mention se référant à la citation dans laquelle les propos diffamatoires sont nettement précisés, et ces propos étant d'ailleurs reproduits dans les notes d'audience. (Cass. 29 février 1884).

52. L'art 195 porte, dans son § 2 : «**Le texte de la loi dont on fera l'application sera lu à l'audience par le Président; il sera fait mention de cette lecture dans le jugement, et le texte de la loi y sera inséré, sous peine de cinquante francs d'amende contre le greffier** ».

53. Sous le code de l'an IV, la double formalité de la lecture à l'audience et de l'insertion dans le jugement correctionnel du texte de la loi appliquée, était prescrite, à peine de nullité.

7

54. Aujourd'hui, et d'après l'art. 195, la peine de nullité n'existe plus : elle est remplacée par une amende de 50 fr. contre le greffier, en cas d'inobservation de la formalité de l'insertion de la loi dans le jugement.

55. Cet article ne prescrit — à peine de nullité — que la lecture de la loi dont il fait application (Cass. 14 mars 1834).

56. Les jugements correctionnels sont rédigés sur minute, comme en matière civile, et en langue française.

57. Les minutes sont écrites par le greffier, sous la dictée du juge, d'après les notes prises à l'audience et dans le sens de la prononciation orale, qui en a été faite en public (Dalloz, n° 834).

58. Dans le cas où des différences de rédaction se révéleraient entre la minute et l'expédition du jugement, c'est la minute, évidemment, qui devrait prévaloir.

59. La minute du jugement doit contenir l'indication de toutes les formalités prescrites à peine de nullité, car autrement la présomption de droit est qu'elles ont été omises (Cass. 6 mai 1830).

60. Les jugements doivent contenir, aux termes de l'art. 141 du Code de procédure civile, « **les noms des juges, du procureur de la République,... les noms, professions et demeures des parties......** »

61. Ils doivent mentionner les conclusions du ministère public, ses réquisitions, et le résumé de l'affaire par ce magistrat ; de même, ils doivent mentionner les conclusions des prévenus et des parties civiles.

62. La présence du greffier, comme celle des juges, doit être mentionnée.

63. Les jugements doivent, enfin, indiquer s'ils sont rendus en 1er ou en dernier ressort ; mais cette mention n'est pas prescrite à peine de nullité (Cass. 24 nov. 1871).

64. Il n'est pas nécessaire de spécifier les circonstances atténuantes.

65. Aux termes de l'art. 196 du Code d'inst. crim. § : « **La minute du jugement sera signée au plus tard dans les 24 heures par les juges qui l'auront rendu** ».

En matière criminelle, les jugements doivent être signés par tous les juges qui y ont concouru, comme l'indique l'art. 196, à la différence de ce qui a lieu en matière civile, où la formalité de la signature n'est imposée qu'au président et au greffier.

66. Cependant, l'art. 196 ne prescrit pas à peine de nullité cette formalité.

67. Lorsque, par un cas de force majeure, l'un des juges n'a pu signer le jugement, il suffit qu'il soit fait mention de l'empêchement en marge de la minute par le président et le greffier (Cass. 26 novembre 1825).

68. Le président étant décédé sans avoir signé des jugements, on devra recourir au mode déterminé par l'art. 38 du décret du 30 mars 1808, (Bordeaux 4 juin 1835), — Quelques décisions prétendent, au contraire, qu'il suffit que le jugement soit signé par les autres juges (Besançon : 4 et 11 avril 1869).

69. La signature du greffier sur la minute du jugement n'est pas prescrite à peine de nullité (Cass. 3 janv. 1811, — 8 février 1839).

70. Pour les jugements d'incident et d'instruction, il suffit de la signature du président et du greffier.

71. Les jugements correctionnels ne peuvent jamais être exécutés que lorsqu'il n'existe plus de recours contr'eux. Il est donc sursis à leur exécution pendant les délais et l'instance d'appel (203 inst. crim.).

Liberté provisoire.

1. Les principes posés en cette matière par le code d'inst. crim., ont été complètement modifiés par la loi du 14 juillet 1865, dont le texte a été substitué à celui des articles compris dans le chap. VIII de ce code.

2. En laissant de côté l'examen des innovations qui concernent exclusivement le juge d'instruction, les règles nouvelles peuvent se résumer dans les points suivants :

1° Tous les inculpés soit de crimes, soit de délits peuvent demander leur élargissement provisoire.

2° Ils le peuvent, ou bien en fournissant un cautionnement pécuniaire, ou bien en offrant la caution d'un tiers.

3° Enfin, la mise en liberté provisoire peut être accordée sans caution, à la charge par l'inculpé de se représenter chaque fois qu'il en sera requis.

3. Aucune obligation n'est imposée aux tribunaux. A leur gré, et suivant les considérations particulières à chaque affaire, ils sont donc en droit d'accorder ou de refuser une mesure qui n'est qu'une faculté mise à la portée du prévenu.

4. Actuellement, la liberté provisoire est accessible à tous les prévenus quels que soient leurs antécédents. Elle peut être demandée en toute matière, et suivant les termes de l'art. 116 du code d'inst. criminelle « **peut être demandée en tout état de cause.** » Par ces mots, il faut entendre les diverses phases de la procédure qui peuvent précéder le jugement définitif.

5. La juridiction exclusivement compétente pour prononcer sur la demande en liberté provisoire est celle qui est saisie de l'affaire au moment où la demande est formée. Le tribunal correctionnel seul peut donc statuer sur une demande de cette nature, dès que le juge d'instruction a renvoyé devant lui le prévenu en état d'arrestation ; art. 116 du Code d'inst. crim. « **La mise en liberté provisoire peut être demandée..... au tribunal correctionnel si l'affaire y a été renvoyée.....** »

6. Mais si le tribunal a décliné sa compétence, il n'a plus qualité pour statuer sur la mise en liberté. Et, dans ce cas comme dans celui de règlement de juge, c'est devant la chambre des mises en accusation et non devant la cour de cassation que doit être portée une demande de cette nature.

7. La liberté provisoire doit être demandée. La loi veut que cette mesure soit sollicitée par l'intéressé lui-même. Elle exige ensuite que le ministère public soit toujours entendu. Ses conclusions ne lieront pas le juge, mais il doit être entendu à peine de nullité.

8. Le ministère public peut, aussi bien que le prévenu, attaquer la décision rendue.

9. Ces formalités sont prescrites par l'art. 117 du Code d'inst. crim. : « Dans tous les cas prévus par l'art. 116, il sera statué sur simple requête, en chambre du conseil, le ministère public entendu. Le prévenu pourra fournir, à l'appui de sa requête des observations écrites ».

10. Art. 118 inst. crim. : « La demande en liberté provisoire sera notifiée à la partie civile, à son domicile ou à celui qu'elle aura élu. Elle pourra dans le délai de vingt quatre heures, à partir du jour de la notification, présenter des observations écrites. »

11. Si l'inculpé a été mis en liberté sans caution, il doit promettre de se représenter à tous les actes de la procédure. Art. 121 inst. crim. «...... Préalablement à la mise en liberté... sans cautionnement, le demandeur devra, par acte reçu au greffe, élire domicile..... s'il est prévenu, dans le lieu où siège la juridiction saisie du fond de l'affaire ».

12. Si le tribunal veut imposer un cautionnement, il faut qu'il soit suffisamment élevé pour que le prévenu ne le sacrifie pas au désir de se soustraire à l'exécution du jugement.

13. La loi n'édicte, à cet égard, aucune prescription. Elle laisse toute latitude aux juges qui doivent se préoccuper uniquement d'assurer la représentation du prévenu.

14. Pour fixer le montant du cautionnement, on doit se préoccuper principalement de la situation personnelle du prévenu, de sa fortune, de ses ressources, de la force du lieu qu'il établit, F. H. t. IV. p. 693.

15. C'est pour ces raisons que le cautionnement peut être abaissé ou élevé suivant les circonstances.

16. Les mêmes considérations s'appliquent au cautionnement personnel d'un tiers. Art. 120 inst. crim. « dans le cas où la liberté provisoire aura été subordonnée au cautionnement, il sera fourni en espèces, soit par un tiers, soit par l'inculpé, et le montant en sera, suivant la nature de l'affaire, déterminé par le juge d'instruction, le tribunal ou la Cour.

Toute tierce personne solvable pourra également être admise à prendre l'engagement de faire représenter l'inculpé à toute réquisition de justice, ou à défaut, de verser au trésor la somme déterminée. »

17. Art. 121 inst, crim. : « Si le cautionnement consiste en espèces, il sera versé entre les mains du receveur de l'enregistrement, et le ministère public, sur le vu du récipissé, fera exécuter l'ordonnance de mise en liberté.

S'il résulte de l'engagement d'un tiers, la mise en liberté sera ordonnée sur le vu de l'acte de soumission reçu au greffe.

Préalablement à la mise en liberté avec ou sans cautionnement, le demandeur devra, par acte reçu au greffe, élire domicile, s'il est inculpé, dans le lieu où siège le juge d'instruction ; s'il est prévenu ou accusé, dans celui ou siège la juridiction saisie du fond de l'affaire ».

18. Le but du cautionnement est nettement indiqué par l'art. 114 du code d'inst. crim. : « Le cautionnement garantit :

1° La représentation de l'inculpé à tous les actes de la procédure et pour l'exécution du jugement.

2° Le paiement dans l'ordre suivant :
Des frais avancés par la partie publique,
De ceux avancés par la partie civile.
Des amendes.

L'ordonnance de mise en liberté détermine la somme affectée à chacune des deux parties du cautionnement.

19. Dans le cas où intervient une décision définitive sur la prévention, toutes les obligations qui résultent du cautionnement prennent aussitôt fin. Art. 122 inst. crim. § 1er : « Les obligations résultant du cautionnement cessent si l'inculpé se présente à tous les actes de la procédure et pour l'exécution du jugement ». « En cas de renvoi des poursuites, d'absolution ou d'acquittement, le jugement pourra ordonner la restitution de la 1re partie du cautionnement.

Art. 123 inst. crim. : « La 2e partie du cautionnement est toujours restituée en cas d'acquittement, d'absolution ou de renvoi des poursuites.

En cas de condamnation, elle est affectée aux frais et à l'amende, dans l'ordre énoncé dans l'art. 115 : le surplus, s'il y en a, est restitué.

20. Mais, si l'inculpé a fait défaut, art. 122 inst. crim. § 2 : « La première partie du cautionnement est acquise à l'Etat du moment que l'inculpé, sans motif légitime d'excuse, est constitué en défaut de se présenter à quelque acte de la procédure ou pour l'exécution du jugement.

Art. 124 inst. crim. § 1... : « Le ministère public, soit d'office, soit sur la provocation de la partie civile, est chargé de produire à l'administration de l'enregistrement, soit un certificat du greffe constatant, d'après les pièces officielles, la responsabilité encourue dans le cas de l'art. 122, soit l'extrait du jugement dans le cas prévu par l'art. 123, § 2.

§ 2... § 3... § 4... : « Toute contestation... est vidée, sur requête, en chambre du conseil, comme incident de l'exécution du jugement ».

21. La liberté provisoire prend fin.

1° Par le défaut de comparution de l'inculpé à un acte quelconque de la procédure : art. 125 inst. crim. : « Si, après avoir obtenu sa liberté provisoire, l'inculpé cité ou ajourné ne comparait pas, ... le tribunal... selon les cas, pourra décerner contre lui un mandat d'arrêt ou de dépôt, ou une ordonnance de prise de corps ».

22. 2° Quand la détention est rendue nécessaire par des circonstances nouvelles, art. 115 : « La mise en liberté aura lieu sans préjudice du droit que conserve le juge d'instruction, dans la suite de l'information, de décerner un nouveau mandat d'amener, d'arrêt, ou de dépôt, si des circonstances nouvelles et graves rendent cette mesure nécessaire.

Toutefois, si la liberté provisoire avait été accordée par la chambre des mises en accusation réformant l'ordonnance du juge d'instruction, le juge d'instruction ne pourrait décerner un nouveau mandat que autant que la Cour, sur les réquisitions du ministère public, aurait retiré à l'inculpé le bénéfice de la décision ».

23. 3° Par le jugement définitif sur la prévention.

Ministère public.

1. Aux procureurs généraux et aux procureurs de la République, seuls, appartient personnellement l'exercice de l'action publique.

Ils tiennent leur pouvoir d'une délégation spéciale de la loi.

2. Les autres officiers du ministère public, — avocats généraux, substituts du procureur général, substituts du procureur de la République..., ne participent à cet exercice que sous leur direction.

3. Art. 45 de la loi du 29 avril 1810 : « **Les procureurs généraux exerceront l'action de la Justice criminelle dans toute l'étendue de leur ressort. Ils veilleront au maintien de l'ordre dans tous les tribunaux ; ils auront la surveillance de tous les officiers de police judiciaire et officiers ministériels du ressort** ».

Art. 47 de la même loi : « **Les substituts du procureur général exercent la même action, dans les mêmes cas, d'après les mêmes règles, sous la surveillance et la direction du procureur général....** »

4. Art. 22 du code d'inst. crim. « **Les procureurs de la République sont chargés de la recherche et de la poursuite de tous les délits dont la connaissance appartient aux tribunaux de police correctionnelle...** »

5. Certaines administrations publiques (douanes, forêts, contributions indirectes) jouissent, pour les délits qui les concernent, des prérogatives du ministère public. (Voir V° Partie civile).

6. L'art. 235 du code d'instruction criminelle accorde aux chambres d'accusation des cours d'appel le droit d'ordonner des poursuites. Voici dans quels termes il s'exprime : « **Dans toutes les affaires, les cours d'appel, tant qu'elles n'auront pas décidé s'il y a lieu de prononcer la mise en accusation, pourront d'office, soit qu'il y ait ou non une instruction commencée par les premiers juges, ordonner des poursuites... informer ou faire informer, et statuer ensuite ce qu'il appartiendra.** »

7. Certaine faculté est aussi concédée aux cours d'appel, chambres réunies, par l'art. 11 de la loi du 20 avril 1810 : « **La cour d'appel pourra, toutes les chambres assemblées entendre les dénonciations qui lui seraient faites par un de ses membres, de crimes et de délits ; elle pourra mander le procureur général pour lui enjoindre de poursuivre à raison de ces faits, ou pour entendre le compte que le procureur général lui rendra des poursuites qui seraient commencées** ».

8. Le ministère public est indivisible. Chacun de ses membres représente l'institution et agit, non pas en son nom personnel, mais au nom de la fonction qu'il remplit près des tribunaux.

9. C'est en vertu de ce principe qu'il est de jurisprudence constante que les membres du parquet peuvent se succéder et n'être pas les mêmes à toutes les audiences d'une même affaire.

10. Mais le ministère public, soit qu'il poursuive d'office, soit que les poursuites aient lieu à la requête de la partie civile ou d'une administration publique, doit assister à toutes les audiences de police correctionnelle.

11. Un jugement serait nul s'il était rendu hors sa présence.

12. Le ministère public, dit Massabiau, étant toujours partie principale en matière criminelle, et un défaut ne pouvant jamais être donné contre lui, il s'ensuit qu'un tribunal de répression ne saurait, en son absence, ni siéger, ni statuer sur l'action publique, dont il est seul l'organe légal.

13. Après les plaidoiries, le ministère public résume l'affaire et donne des conclusions.

14. Il est de l'essence du ministère public d'être indépendant dans l'exercice de ses fonctions. Le développement de son action ne peut être entravé. Il a le droit de dire tout ce qu'il croit convenable ou nécessaire pour le bien de la justice, comme de produire tous les documents qui lui paraissent utiles, sauf le droit pour la défense de discuter et de combattre tous les documents produits.

15. Les tribunaux n'ont pas le droit de donner un avertissement au ministère public.

16. Mais, ils peuvent, légitimement, instruire le premier président et le procureur général des reproches qu'ils se croient en droit de faire aux officiers du ministère public (art. 61 et 62 de la loi du 10 avril 1810).

Ceux-ci ne peuvent être rappelés à leurs devoirs que par le ministre de la justice.

17. Le ministère public peut être amené, dans la recherche de la vérité, à n'user d'aucun ménagement envers les parties. Il peut être contraint de signaler leur indélicatesse et de flétrir leurs agissements. Les paroles qu'il prononce jouissent d'un privilège absolu. Aucune action ne saurait donc être exercée contre lui pour diffamation ou injures (Cass. 24 décembre 1822, 11 janvier 1851).

18. Dès lors, les juges ne sauraient donner acte à une partie, pour une poursuite ultérieure en diffamation, des réserves qu'elle déclare former, à raison des imputations dirigées contre elle par le ministère public, ces imputations se rapporteraient-elles à des faits étrangers à la cause (Cass. 11 janvier 1851. — Fabreguette, t. 2, n° 1729).

19. Au point de vue de l'action civile, il ne peut être actionné que par la prise à partie.

Notes d'audience.

1. *Les notes d'audience sont la reproduction de tous les faits saillants qui peuvent se produire au cours des débats.*

2. Elles sont prescrites par l'art. 189 du Code d'inst. crim., qui oblige **« le greffier à tenir note des déclarations des témoins et des réponses du prévenu... »**

3. Le ministère public et le prévenu peuvent requérir des additions et rectifications s'ils les jugent utiles. En cas de refus du président, le tribunal est tenu d'en délibérer sur leurs réquisitions. L'art. 318 du Code d'inst. crim. s'exprime ainsi : « ... **Le procureur général et l'accusé pourront requérir le président de faire tenir des notes de ces changements et variations. »**

Cet article, d'après Massabiau, s'applique aux tribunaux correctionnels.

4. Le président a toujours le droit de rectifier les notes d'audience. Il doit, aux termes de l'art. 189 du Code d'inst. crim. «**les viser dans les trois jours de la prononciation du jugement. »**

5. Régulièrement tenues, ces notes suppléent à ce que le jugement peut avoir d'incomplet.

6. Elles doivent être jointes aux procédures, en minutes.

7. Cependant, les greffiers, qui ont l'habitude de porter ces notes sur un registre particulier, peuvent, s'ils le jugent utile pour l'ordre de leur greffe, continuer de suivre cet usage.

8. Mais, dans aucun cas, et sous aucun prétexte, les greffiers ne peuvent faire passer en taxe les expéditions ou copies de ce registre, qu'ils sont obligés de délivrer (Metz, 17 août 1820).

9. Nous ne saurions trop recommander d'annexer aux procédures des affaires jugées par défaut la minute des notes sommaires afin de permettre au tribunal de prendre connaissance de tous les témoignages recueillis, lorsque l'affaire reviendra devant lui sur opposition.

10. Les notes d'audience sont dispensées du timbre et de l'enregistrement (Décis. min. du 29 décembre 1852 et 12 fév. 1853).

Officiers de police judiciaire.

1. La police judiciaire a pour objet « **De rechercher les crimes,les délits et les contraventions,d'en rassembler les preuves et d'en livrer les auteurs aux tribunaux chargés de les punir** » (art. 6 inst. crim.).

2. L'art. 9 du Code d'inst crim. fait l'énumération des fonctionnaires auxquelles il confère le titre et les attributions d'officiers de police judiciaire :

3. Ce sont : 1° **les gardes champêtres et les gardes forestiers.** — Les gardes champêtres et forestiers des particuliers sont officiers de police judiciaire comme les gardes des communes ou des forêts de l'Etat.

2° **les commissaires de police,** mais non les agents de police,

3° **les maires et les adjoints des maires,**

4° **les Procureurs de la République et leurs substituts,**

5° **les juges de paix,** et bien entendu leurs suppléants,

6° **les officiers de gendarmerie,** mais non les sous-officiers et simples gendarmes,

7° **les commissaires généraux de police,**

8° **les juges d'instruction.**

4. De tous ces divers fonctionnaires, les Procureurs de la République et leurs substituts ont seuls, aux termes de l'art. 22 du Code d'inst. crim., qualité pour la recherche de tous les crimes, délits et contraventions.

5. Les autres fonctionnaires ne sont investis des attributions d'officiers de police judiciaire que dans certaines limites.

6. Chacun d'eux peut constater toutes les infractions à la loi dont ils ont connaissance, de quelque nature qu'elles soient ; mais leurs procès-verbaux n'ont en justice la force que la loi leur accorde qu'autant qu'ils ont pour objet des matières qui rentrent dans les attributions spéciales du fonctionnaire rédacteur. — Ils n'ont qualité que dans l'étendue du territoire assigné à leurs fonctions.

7. Plusieurs officiers de police judiciaire peuvent, par exception, instrumenter pour certains actes hors de l'étendue du territoire assigné à leurs fonctions. L'art. 464 du code d'inst. crim. porte : « . . . **Les président des cours d'assises, les procureurs Généraux ou leurs substituts, les juges d'instruction et les juges de paix pourront continuer hors de leur ressort les visites nécessaires chez les personnes soupçonnées d'avoir fabriqué, introduit, distribué de faux papiers nationaux, de faux billets de la banque de France, ou des banques des départements.**

Le présente disposition a lieu également pour le crime de fausse monnaie, ou de contrefaçon de sceau d'Etat. »

8. Cette faculté s'étend aux commissaires de police ; décret du 18 mars 1851, art. 4 : « **Le commissaire de police pourra exercer ses fonctions hors de son ressort dans les seuls cas prévus par l'art. 464 du Code d'instruction criminelle** ».

9. C'est au procureur de la République de leur ressort que les officiers de police auxiliaires sont tenus de transmettre l'avis des crimes, délits commis dans leur circonscription.

10. Toutefois, en certaines matières pour lesquelles il est permis de transiger, comme les douanes, les contributions indirectes et les octrois, cet avis ou plutôt l'envoi du procès-verbal n'est fait que sur l'ordre et par les soins du fonctionnaire qui a pu consentir à la transaction et quand il y a renoncé.

11. Certains officiers de police judiciaire, relativement aux crimes et délits, ont des droits plus étendus. Ils agissent dans ce cas, comme officiers de police auxiliaires du Proc. de la Rép. (48 C. P.).

12. En dehors du code d'instruction criminelle, des lois spéciales ont donné le droit de constater certains délits et certaines contraventions qu'elles déterminent, à divers fonctionnaires, étrangers par leurs attributions ordinaires aux fonctions d'officiers de police judiciaire.

13. Ainsi, **les porteurs de contrainte** ont qualité pour constater les injures qui peuvent leur être adressées, ou les actes de rebellion dont ils peuvent être l'objet (art. 21, loi 16 therm. an VII).

14. **Les employés des contributions indirectes** doivent rechercher les fraudes et les contraventions en matière d'impôts indirects (L. 5 vent. an XII, Déc. 1er germinal an XIII,— 16 fl. an XIII, — 28 av. 1816).

15. **Les préposés des douanes** sont chargés de constater les contraventions aux lois concernant les importations, les exportations et la circulation des marchandises (L. 9 fl. an VII. tit. 4. — 18 avril 1816, 3ᵉ partie. tit 6).

16. **Les employés des octrois** sont appelés spécialement à relever les fraudes aux droits d'octroi des communes (L. 7 févr. an VIII).

17. **Les vérificateurs des poids et mesures** constatent les infractions aux lois et réglements sur les poids et mesures (arrêté du 7 fruct. an VII. art. 3,— 27 pl. an IX.

18. **Les préposés des ponts à bascules** ont qualité en ce qui concerne les contraventions aux lois et règlements sur le chargement des voitures (Décret du 18 juin 1806 art. 39,— ord. 19 juillet 1818, art. 20).

19. **Les ingénieurs et conducteurs des Ponts-et-chaussées** ont droit, quant aux contraventions commises en matière de grande voirie, tant pour les voies de terre que pour les cours d'eau navigables(Loi 29 flor. an X, art. 2).

20. **Les piqueurs et cantonniers-chefs des ponts-et-chaussées** sont investis, depuis la loi du 25 mars 1841, des mêmes pouvoirs que les ingénieurs.

21. **Les agents de la navigation** constatent les contraventions sur les cours d'eau navigables (Loi 29 fl. an X, art. 3).

22. **Les agents-voyers** celles commises sur les chemins vicinaux (Loi 21 mai 1836, art. 11), en tant que ces contraventions ont pour résultat la détérioration de ces chemins.

23. **Les préposés de l'administration des postes** constatent les contraventions aux lois et règlements sur le transport des lettres et imprimés (Loi 4 juillet 1807 art. 7,— Ord. 17 avril 1827, art. 20, 24, 45).

24. Les agents et arpenteurs forestiers sont chargés de la recherche des délits et contraventions commis dans les bois soumis au régime forestier (Décret 15 avril 1811, art. 13,— 160 C. F.).

25. Les garde-vente ont mission spéciale de constater les délits et les contraventions commis dans les coupes des bois de l'État (31 C. F.).

26. Les maîtres, contre-maîtres et aides contre-maîtres de marine, constatent les délits et contraventions relativement aux bois réservés pour le service de la marine (C. F. art. 134).

27. Les garde-pêches sont chargés de la recherche des contraventions en matière de pêche fluviale (L. de 1829, art. 37 et 38).

28. Les garde-rivières doivent assurer l'exécution des lois et réglements sur les eaux (Ord. 31 juillet 1833).

29. Les garde-canaux sont investis de pouvoirs analogues quant aux canaux (Déc. 22 fév. 1813). — La loi de 1829, art. 36, leur a encore donné le droit de constater les délits de pêche.

30. Les garde-digues sont préposés à la garde et conservation des digues établies soit sur les bords de la mer, soit le long des fleuves, rivières ou canaux (Déc. 16 décembre 1811).

31. Les employés des bureaux de garantie sont appelés à constater les contraventions aux lois sur le poinçonnage des matières et ouvrages d'or et d'argent (L. 19 brum. an VI, art. 102).

32. Les commissaires des gouvernements près les hôtels des monnaies doivent rechercher les délits commis dans lesdits hôtels (L. 21 vendém. an IV. art. 38).

33. Les gardes du génie et des fortifications sont préposés à la recherche et à la constatation des dégradations, soustractions ou usurpations commises dans les établissements militaires (Loi 29 mars 1806. — Ord. 1er août 1821, tit. 2).

34. Les portiers-consignes des places de guerre sont chargés des mêmes attributions en ce qui concerne les vols, dégradations ou autres délits commis dans les établissements militaires appartenant aux communes (Décr. du 16 septembre 1811, art. 13).

35. Les membres des commissions sanitaires exercent les fonctions de la police judiciaire exclusivement pour tous les crimes, délits et contraventions commis dans l'enceinte et les portes des lazarets et autres lieux réservés dont ils ont la surveillance (L. 3 mars 1822, art. 17. — Ord. du 17 avril 1822, art. 7 et 7 août 1822, art. 72).

36. Tous ces fonctionnaires n'ont d'autre pouvoir que de rapporter procès-verbal dans le cercle de leurs attributions, et sur les matières seules soumises à leur surveillance ; dans tous autres cas, leurs actes seraient sans force et ne serviraient que de simples renseignements.

Opposition aux jugements par défaut.

1. *C'est la voie de recours ouverte à la partie jugée sans avoir été entendue, pour faire rétracter ou réformer par les mêmes juges la décision rendue à son égard.*

2. L'opposition dérive du droit de défense, et il est admis pour ce motif, en principe, que l'opposition est recevable, en toutes matières, à l'égard des décisions par défaut, par cela même qu'elle n'a pas été interdite ; il n'est pas nécessaire que cette voie de recours ait été autorisée pour chaque cas par une disposition expresse (Dalloz).

3. Le droit d'opposition est consacré par l'art. 187 du code d'inst. crim. § 1er : « **La condamnation par défaut sera comme non avenue, si, dans les cinq jours de la signification qui en aura été faite au prévenu ou à son domicile, outre un jour par cinq myriamètres, celui-ci forme opposition à l'exécution du jugement, et notifie son opposition tant au ministère public qu'à la partie civile... ».**

4. Le droit d'opposition appartient à ceux qui étaient parties dans l'instance dans laquelle a été rendu le jugement par défaut, ou qui y avaient été régulièrement appelés.

5. Toutes les parties, lorsqu'elles ont été défaillantes, ayant le droit de former opposition, les parties civiles sont évidemment de ce nombre, bien que la loi ne le leur accorde pas nommément ou expressément ; mais le plaignant qui ne s'est pas porté partie civile n'a pas le droit de former opposition.

6. Aux termes de l'art. 187 précité, le délai pour former opposition est de cinq jours, à partir de la signification du jugement à la personne du prévenu ou à son domicile, outre un jour par chaque cinq myriamètres de distance,

7. Toutefois, ajoute l'art. 187 du Code d'inst. crim. § 3 : « **Si la signification n'a pas été faite à personne, ou s'il ne résulte pas d'actes d'exécution du jugement que le prévenu en a eu connaissance, l'opposition sera recevable jusqu'à l'expiration des délais de la prescription de la peine ».**

8. Le point de départ de cette opposition, c'est la signification du jugement.

9. Le délai de l'opposition est de cinq jours non francs ; l'art. 1033 du Code de procédure civile ne s'applique pas à ces matières.

10. La manière de la former, c'est de la notifier au ministère public et à la partie civile, à son domicile élu.

11. Cette notification a pour but de faire considérer comme non existant le jugement par défaut, avant toute discussion.

12. L'opposition doit être signifiée au ministère public et à la partie civile. Aussi, une déclaration d'opposition faite au greffe ne tient pas lieu de cette signification, mais la déclaration, faite au parquet par un prévenu et constatée par un procès-verbal est suffisante.

13. L'opposition emporte de droit citation à la première audience.

14. L'audience, ainsi visée par l'art. 188, est la première après le délai de trois jours, qui, aux termes de l'art. 184 du Code d'inst. crim., doit être observée entre la citation et le jugement (Cass., 11 janvier 1862, 6 octobre 1877).

15. L'art. 184 dit, en effet, « il y aura au moins un **délai de trois jours, outre un jour par trois myriamètres, entre la citation et le jugement...** »

Cette règle est sans application, si le ministère public fait citer l'opposant à jour fixe.

16. Les dispositions de l'art. 187 plus haut cité, doivent être complétées par celles de l'art. 188, qui est ainsi conçu : « **L'opposition emportera de droit citation à la première audience ; elle sera non avenue, si l'opposant n'y comparaît pas ; et le jugement que le tribunal aura rendu sur l'opposition ne pourra être attaquée par la partie qui l'aura formée, si ce n'est par appel...** »

17. Ainsi, lorsque l'art. 187 dit que par le seul effet de l'opposition la condamnation par défaut est mise au néant, ce n'est là qu'un effet conditionnel. La condamnation est effacée, mais à la condition que le prévenu comparaîtra et viendra plaider sur son opposition.

18. Dans le cas contraire, le jugement de condamnation sera confirmé, et, comme on n'admet pas deux oppositions successives, la voie de l'appel sera la seule qui sera ouverte au prévenu.

19. Si l'opposant comparaît, la condamnation par défaut étant comme non avenue, la cause est reprise en son entier.

20. Le procès-verbal d'audition des témoins peut servir de base au jugement rendu sur l'opposition, sans qu'il soit nécessaire de les entendre de nouveau.

21. En ce qui concerne la provision dont parle, *in fine*, l'art. 188, c'est évidemment contre le prévenu que la condamnation de provision sera prononcée et envers la partie civile, car la première condition, pour appliquer le § 2 de l'art. 188, c'est qu'il y ait partie civile en cause.

Opposition (tierce).

1. *La tierce opposition est une voie extraordinaire ouverte, contre tout jugement à une tierce personne qui n'y a point été partie par elle-même ou par celle qu'elle représente, et aux droits de laquelle ce jugement préjudicie* (Dalloz).

2. En matière criminelle, il ne peut jamais y avoir lieu à tierce opposition. Les principes qui régissent le caractère des décisions judiciaires, au point de vue pénal, s'opposant à l'admission de cette procédure particulière.

3. Les peines infligées étant personnelles aux auteurs des infractions, nul ne peut se plaindre d'une condamnation qui ne peut l'atteindre.

Partie civile.

1. Toute personne, qui a souffert d'un dommage causé par une infraction pénale, peut se constituer partie civile.

2. Le droit de prendre cette qualité est absolu et ne souffre exception qu'en matière de banqueroute et en matière d'usure habituelle.

3. Néanmoins, toute espèce de préjudice ne donne pas indistinctement lieu à des dommages-intérêts : il faut que ce préjudice soit la conséquence directe et immédiate du délit, qu'il soit actuel ; enfin, qu'il dérive du fait même de la prévention.

4. Les étrangers peuvent se porter parties civiles, mais à la condition de fournir caution (Voir v° cautiou judicatum solvi).

5. Il faut que la personne qui se porte partie civile ait capacité pour ester en justice. Les femmes mariées, les mineurs et les interdits qui n'ont pas la jouissance de leurs droits, ne sauraient se porter parties civiles, qu'en se conformant aux obligations imposées par la loi civile.

6. Les administrations publiques sont assimilées aux parties civiles. L'art. 158 du décret du 18 juin 1811 est ainsi conçu : « **Sont assimilées aux parties civiles : 1° toute régie ou administration publique, relativement aux procès suivis, soit à sa requête, soit même d'office et dans son intérêt ;**

2° Les communes et les établissements publics, dans les procès instruits, ou à leur requête, ou même d'office, pour crimes ou délits commis contre leurs propriétés. »

7. On doit encore considérer comme parties civiles :

L'administration de l'enregistrement et des domaines.

L'administration des douanes.

L'administration des contributions indirectes.

L'administration des eaux et forêts.

L'administration des postes.

Les communes.

Les hospices.

L'université et les établissements qui en dépendent.

La caisse des invalides de la marine créée par ordonnance du 22 mai 1816.

Et en un mot, toutes les administrations et établissements publics qui possèdent des biens particuliers.... (Massabiau).

8. Mais il faut que la répression qu'elles poursuivent puisse leur procurer « une recette ». Quand elles n'ont dans les poursuites qu'elles exercent « qu'un intérêt moral », les frais par elles exposés restent à la charge du trésor (Circ. min. du 19 juillet 1852).

9. En matière de contributions indirectes, l'administration seule peut demander les confiscations et amendes encourues par les prévenus, excepté en matière de contravention aux lois sur la garantie des ouvrages d'or et d'argent.

10. En matière de douanes, l'administration partage ce droit avec le ministère public. Elle ne peut pas requérir l'application de peines corporelles.

11. En matière de délits forestiers et de pêche fluviale, les actions sont exercées, avec la même étendue de droits, tout aussi bien par les agents des forêts que par le ministère public.

12. J'ajoute qu'en matière de douanes les proposés de cette administration sont autorisés à faire, pour raison de droits de douanes les mêmes exploits et autres actes de justice que les huissiers (art. 28, t. XIII de la loi du 22 août 1791).

13. La qualité de partie civile ne se présume pas : elle doit résulter d'un acte formel ou de conclusions à des dommages-intérêts. L'art. 66 du Code d'inst. crim. s'exprime ainsi :

« **Les plaignants ne seront réputés partie civile s'ils ne se déclarent formellement, soit par la plainte, soit par acte subséquent, ou s'ils ne prennent, par l'un ou par l'autre, des conclusions en dommages-intérêts.** »

14. Lorsque la personne lésée se porte partie civile, en même temps qu'elle porte plainte, il suffit qu'elle affirme son intention dans la plainte qu'elle remet au Procureur de la République et qui n'est astreinte à aucune forme spéciale.

15. Dans ce cas, la plainte est assujettie au timbre et à l'enregistrement.

16. Si elle se porte partie civile lorsque la procédure est déjà commencée, elle le fait par une requête d'intervention.

Bien que la loi ne l'exige pas formellement, cette requête doit être signifiée au ministère public et à l'inculpé.

17. En matière de simple police et de police correctionnelle, dit l'art. 160 du décret du 18 juin 1811, « **la partie civile, qui n'aura pas justifié de son indigence, sera tenue avant toutes poursuites, de déposer au greffe, ou entre les mains du receveur de l'enregistrement, la somme présumée nécessaire pour les frais de la procédure** ». — Une circulaire de la chancellerie du 18 juillet 1832 décide, que les versements doivent se faire au greffe.

18. Mais cette opinion n'est pas unanimement admise par la jurisprudence. La Cour de Cassation a d'abord décidé que la consignation était nécessaire ; elle a déclaré ensuite que la partie, qui a été directement en police correctionnelle, n'est tenue à aucune consignation préalable.

19. Cependant, la chancellerie, dans de nombreuses circulaires, maintient ses premières instructions. Elle persiste à dire qu'on doit tenir la main à la consignation des frais, parce que la stricte exécution de cette règle a pour effet d'arrêter une foule de plaintes téméraires.

20. La partie civile, aux termes de l'art. 183, est tenu de faire élection de domicile dans la ville ou siège le tribunal.

La constitution d'un avoué emporte élection de domicile en son étude.

21. Le non comparution d'une partie civile dans une poursuite correctionnelle donne lieu à un jugement de défaut congé, suivant les règles du droit commun.

22. Aux termes de l'art. 67 du code d'inst. crim. « **les plaignants, pourront se porter partie civile en tout état de cause jusqu'à la clôture des débats** »

23. La faculté de sa porter partie civile appartient au plaignant jusqu'à la clôture des débats. Il suffit qu'il déclare à l'audience son intention et qu'il prenne des conclusions.

24. Un individu ne peut être déclaré non recevable à se porter partie civile, par cela seul qu'il a été entendu comme témoin, antérieurement à son intervention (Cass. 5 novembre 1813).

25. La partie civile, ayant pris des conclusions, développe elle-même ou par son avocat les moyens à l'appui de sa demande.

26. Elle doit plaider la première, avant le ministère public. L'art. 190 ne le dit pas, mais cette règle a été établie, en simple police, par l'art. 153, et, en matière de grand criminel, par l'art. 335. On doit donc l'appliquer, par analogie, aux matières correctionnelles.

27. L'assistance d'un avoué est purement facultative.

28. La partie, lésée par une infraction, peut former devant la juridiction civile sa demande en dommages-intérêts, quoique le ministère public n'ait dirigé aucune poursuite au criminel.

« L'action civile en réparation du dommage causé par un crime, un délit ou une contravention, dit un arrêt de cassation, peut être exercée indépendamment de l'action publique à laquelle le crime, le délit ou la contravention donne lieu ».

29. Mais la partie lésée, qui a porté son action devant les tribunaux civils, ne peut plus saisir la juridiction correctionnelle.

30. C'est la conséquence de la maxime « una via electa, non datur recursus ad alteram ». Il y a exception en cas d'un jugement d'incompétence sur la demande civile.

31. Au surplus, l'action civile, qui n'est pas portée devant les mêmes juges que l'action publique, doit être suspendue jusqu'à ce que celle-ci soit jugée ; mais, pour que la suspension soit ordonnée, il faut que l'action publique soit motivée par le même fait et qu'elle soit réellement engagée. L'art. 3, § 2, du Code d'inst. crim. porte en effet : » **L'action ci-**

vile peut être poursuivie séparément : dans ce cas, l'exercice en est suspendu tant qu'il n'a pas été prononcé définitivement sur l'action publique intentée avant ou pendant la poursuite de l'action civile ».

32. La partie civile peut interjeter appel, mais quant à ses intérêts civils seulement.

33. Le plaignant, qui ne s'est pas porté partie civile en 1re instance, ne peut intervenir en appel (Limoges, 21 mai 1870). Il en est ainsi même du mari portant plainte en adultère contre sa femme et son complice (Aix, 17 mars 1870).

Peines correctionnelles.

Définition, 2, 3. | Énumération, 4, 5, 6, 7, 8, 9. | Interprétation, 12, 13, 14.
| Exécution, 10, 11, 14. |

1. Nous n'avons pas à rechercher, dans le cadre restreint de cet ouvrage, quel est le véritable but que se propose la loi en édictant des châtiments pour les actions qu'elle condamne.

2. D'une manière générale, au point de vue juridique, *la peine est le mal infligé par la loi à celui qui lui a désobéi.*

3. Ce mal peut exister correctionnellement, soit dans une souffrance personnelle ; soit dans la nécessité, imposée par contrainte, de certaines actions ; soit dans la privation temporaire d'un ou de plusieurs droits civils, d'une faculté naturelle ; soit dans une prestation pécuniaire ou paiement d'amende ; soit enfin dans le dessaisissement de certains biens ou de certains objets par voie de confiscation, le tout aggravé, modifié ou réduit par les circonstances aggravantes ou atténuantes, par la récidive, le cumul, l'excuse.

4. Article 9 du code pénal. « **Les peines en matière correctionnelle sont :**
1o **L'emprisonnement à temps dans un lieu de correction.**
2o **L'interdiction à temps de certains droits civiques, civils et de famille.**
3o **L'amende.**

5. L'art. 11 du code pénal place aussi au nombre des peines :
1o **Le renvoi sous la surveillance de la haute police**, remplacé par l'interdiction du séjour.
2o **La confiscation spéciale. »**

6. *Emprisonnement correctionnel :*
Sa durée est au moins de six jours et de cinq années au plus, sauf les cas de récidive où elle peut être portée au double et les cas où la loi a déterminé d'autres limites.

7. *Interdiction des droits civiques civils et de famille :*
Ils sont énumérés dans l'art. 42 du code Pénal.

8. Cette peine ne peut être prononcée, aux termes de l'art. 43 du code pénal, « **que lorsqu'elle a été autorisée ou ordonnée par une disposition particulière de la loi. »**

8

9. *Amende* (voir ce mot).

10. L'exécution des jugements et des peines qu'ils prononcent est abandonnée au ministère public, et, au besoin, à la partie civile.

Les articles 165 et 197 du code d'inst. crim. disposent, en effet, art. 165 : « **Le ministère public et la partie civile poursuivront l'exécution des jugements, chacun en ce qui les concerne.** »

Art. 197. « mêmes termes. »

11. Il s'ensuit que le tribunal ne peut sans excès de pouvoir, indiquer un mode spécial d'exécution, et fixer la date à laquelle la peine sera exécutée.

12. Au ministère public appartient seul le droit d'interpréter les décisions répressives ; de fixer, par exemple, le point de départ d'une condamnation et l'époque où elle expire.

13. Mais si une contestation s'élève entre le ministère public et le condamné, sur l'exécution des peines, soit quant à la prescription, soit quant à la remise, soit quant à l'expiration de la peine, le tribunal qui a prononcé la condamnation est exclusivement compétent pour trancher cette difficulté (Cass. 27 juin 1847 — 15 octobre 1874).

14. En un mot, en matière d'exécution des peines, la compétence du ministère public s'exerce sur toutes les difficultés qui revêtent un caractère administratif, la compétence du tribunal, sur tous les incidents contentieux.

Pièces de conviction

But, 3, 4. | Dépôt, 1. | Restitution, 6, 7, 8.
                    | Registre, 2.

1. Les pièces servant de conviction doivent toujours être déposées au greffe.

2. Le greffier doit tenir un registre où il les inscrit au fur et à mesure des dépôts.

3. Les pièces à conviction doivent être produites à l'audience et placées sur le bureau du tribunal le jour où l'affaire est appelée.

Les objets saisis ont dû être clos et cachetés conformément aux articles 38 et 39 du code d'inst. crim.

4. Ces pièces peuvent, en effet, être d'une grande utilité pour la discussion des affaires et pour faciliter la conviction du tribunal.

5. Au surplus, l'art. 329 du code d'inst. crim. impose au président l'obligation de les faire reconnaître. « **Dans le cours ou à la suite des dépositions, le Président fera représenter à l'accusé toutes les pièces relatives au délit et pouvant servir de conviction ; il l'interpellera de répondre personnellement s'il les reconnaît ; le Président les fera aussi représenter aux témoins.** »

6. Les pièces à conviction ne sont restituées à leurs propriétaires qu'après l'expiration des délais d'appel. Les tribunaux peuvent ordonner cette restitution, même d'office.

7. La cour de cassation a décidé que si les sommes volées n'ont pas été intégralement retrouvées, le tribunal peut ordonner d'office quelles seront réparties au marc le franc entre les diverses victimes.

8. Le Greffier ne doit opérer la remise des pièces à conviction que sur le vu d'une décision judiciaire ou d'un ordre écrit du parquet.

Plaintes reconventionnelles.

1. En principe, on n'admet pas la reconvention en matière correctionnelle, c'est-à-dire que les délits qui lèsent la société puissent se compenser.

2. Cependant, il faut reconnaître que dans certains cas, des plaintes respectives ou des plaintes incidentes doivent être accueillies. Cela peut être un moyen de défense. C'est le cas des articles 471, n° 11, 321, 326, 328, 329, 336 et 339 du Code pénal. (Audier, mémorial d'audience).

3. Toute demande reconventionnelle doit être basée sur une citation régulière.

4. Le tribunal ne pourrait point se déclarer saisi par des conclusions reconventionnelles prises à l'audience. (R. de V, art. 182).

Prescription.

Action civile, 28, 29, 30, 31, 32, 33, 34.	Définition, 1.	Lois spéciales, 17.
Action publique 4, 5, 6, 7, 8, 9, 10.	Délits successifs, 11, 12, 13, 14, 15, 16.	Peines, 35, 36, 37, 38, 39, 40, 41, 42, 43.
Caractère, 2, 3.	Interruption, 18, 19, 20, 21, 22, 23, 24, 25, 26.	Point de départ, 9, 10.
		Presse, 14.

1. *La prescription en matière criminelle est le droit accordé par la loi à l'auteur d'un délit de ne pas être poursuivi, et, s'il a été condamné, de ne pas subir sa peine, après un certain laps de temps écoulé depuis la perpétration du délit ou depuis le jugement.*

2. Il y a donc deux espèces de prescription : la prescription de l'action soit criminelle, soit civile, et la prescription de la peine.

3. C'est une exception introduite dans un intérêt public.

4. Le code d'inst. crim. n'a pas soumis à un temps uniforme la prescription de tous les faits punissables.

Ainsi, l'action publique et l'action civile se prescrivent pas « trois **années révolues, s'il s'agit d'un délit de nature à être puni correctionnellement.»** (art. 638 inst. crim.).

5. Et pour une contravention de police « **après une année révolue, à**

compter du jour où elle aura été commise, même lorsqu'il y aura eu procès-verbal, saisie, instruction ou poursuite, si dans cet intervalle il n'est point intervenu de condamnation ; s'il y a eu un jugement définitif de première instance, de nature à être attaqué par la voie de l'appel, l'action publique et l'action civile se prescriront après une année révolue, à compter de la notification de l'appel qui en aura été interjeté. » (640 inst. crim.).

6. Les prescriptions établies par le code d'instruction criminelle sont également applicables aux crimes et aux contraventions qui sont punis par des lois spéciales, lorsque ces lois n'ont pas fixé de temps pour la prescription.

7. La prescription de l'action publique contre des faits commis sous l'empire d'une législation abrogée, doit être réglée par la loi nouvelle, si elle est plus favorable au prévenu.

8. L'action publique contre les crimes commis par les individus âgés de moins de seize ans se prescrit par trois ans, l'article 68 du Code pénal ayant assimilé ces crimes à de simples délits.

9. La prescription court du jour où les crimes, les délits ou les contraventions ont été commis ; il est donc évident qu'elle ne court pas pendant qu'ils se commettent.

10. Le jour du délit compte dans l'espace de temps nécessaire pour faire acquérir la prescription ; mais le système contraire parait plus généralement admis.

11. Lorsqu'un délit se compose d'une série d'actes se rattachant les uns aux autres (délits connexes), la prescription ne commence à courir qu'à compter du dernier de ces actes.

12. Il en est de même pour les délits qui ne sont incriminés qu'autant qu'ils se sont reproduits maintes fois (délits collectifs ou d'habitude); tels sont : l'usure, l'excitation à la débauche.....

13. Si le délit consiste dans un fait susceptible de se prolonger pendant un temps indéfini, la prescription ne court que de l'instant où le fait a cessé. Les délits de cette nature se nomment *successifs*. Sont considérés comme tels :

1° Les associations de malfaiteurs, — 265, 267 C. P. ;

2° Le récélé de malfaiteurs, — 248 C. P. ;

3° Le récélé d'objets volés, — 62 C. P. ;

4° La séquestration de personnes, — 343 C. P. ;

5° L'arrestation illégale, —   id.

6° Le rapt, — 354 C. P. ;

7° Le vagabondage, — 270 C. P. ;

8° La possession de faux poids, — 4, loi du 4 juillet 1837 ;

9° L'abus de blanc-seing, — 407 C. P.

Mais la bigamie, l'évasion de prévenus, l'adultère..... ne sont pas considérés comme délits successifs.

14. Les délits de presse se prescrivent à compter du jour où est faite la publication qui donne lieu à la poursuite.

15. En matière de dénonciation calomnieuse, la prescription ne commence à courir que du jour où la dénonciation a été reconnue calomnieuse.

16. En matière de banqueroute, du jour où a lieu la suspension des paiements, et, si le fait est postérieur à la cessation des paiements, du jour de ce fait (69, 584 et S. Code de com.).

17. Certaines lois ont modifié le délai de la prescription, en ce qui concerne les délits et contraventions suivants :

Police rurale (Contravention à la) — un mois (loi du 28 septembre— 6 octobre 1791).

Délit forestier, — 3 mois, lorsque les prévenus sont désignés dans les procès-verbaux, et 6 mois, dans le cas contraire, à partir du jour où le délit est constaté (185 C. F.)

Délit de pêche fluviale, — un ou 3 mois (loi de 1829, art. 62).

Délit de chasse, — 3 mois (loi du 3 mai 1844, art. 29).

Délit de presse, — 3 mois révolus (loi de 1881, art. 65).

Contributions indirectes (Loi du 15 juin 1835).

18. L'interruption de la prescription a pour but de faire considérer comme non avenu tout le temps qui s'est écoulé depuis l'acte interruptif, et de soumettre la prescription à commencer un nouveau cours. Ce sont les dispositions formelles des articles 637 et 638 du code d'inst. crim.

19. On peut diviser en deux catégories les causes d'interruption de la prescription. Ce sont : 1° Celles qui résultent d'un empêchement de droit qui suspend l'exercice de l'action publique ;

2° Celles qui résultent d'un acte de poursuite ou d'instruction.

20. Dans le premier cas, la prescription est interrompue : 1° par la demande aux fins d'obtenir l'autorisation de poursuivre certaines personnes, sénateurs ou députés, par exemple : 2° par le jugement d'une action préjudicielle.

21. Dans le deuxième cas, les actes qui interrompent la prescription sont ceux qui ont pour objet, soit de rechercher les preuves de l'existence d'un crime et de la culpabilité d'un prévenu, soit de s'assurer de sa personne, et qui émanent de fonctionnaires compétents.

22. Pour qu'un acte d'instruction ou de poursuite interrompe la prescription, il n'est pas nécessaire qu'il soit dirigé contre tel ou tel prévenu ; il suffit qu'il ait pour objet de poursuivre l'auteur du délit, dénommé ou non.

23. Toute acte de poursuite, en matière correctionnelle, interrompt la prescription.

24. Ce principe s'applique aux délits prévus par des lois spéciales.

25. La citation donnée devant un tribunal incompétent interrompt la prescription, alors même qu'un désistement est intervenu, si ce désistement est motivé sur l'incompétence du juge primitivement saisi, et annonce que la citation sera portée devant la juridiction compétente. (Cass. 14 mars 1884).

26. De simples réserves ne suffiraient pas pour interrompre la prescription.

27. L'exception résultant de la prescription de l'action publique est d'ordre public. Le prévenu est recevable à l'opposer en tout état de cause. Le juge doit même l'appliquer d'office (Cass. 28 janvier 1860).

28. L'action civile se prescrit par le même temps que l'action publique (637, 638, 640 inst. crim., 65 de la loi du 29 juillet 1881).

29. Elle doit être intentée dans les mêmes délais qui circonscrivent l'action publique, alors même que la partie lésée s'adresserait à la juridiction civile.

30. Dans ce cas, l'action civile reste soumise aux mêmes règles que l'action publique.

31. La prescription de l'action publique n'emporte pas nécessairement la prescription de l'action civile.

32. La plainte régulièrement portée par la partie lésée, jointe à la déclaration qu'elle se constitue partie civile, interrompt la prescription de l'action civile.

33. La prescription de l'action civile éteint tout à la fois l'action en dommages-intérêts et celle en restitution ; mais cette règle ne s'applique qu'à l'action qui naît du délit (Mangin : *Traité de l'action publique*).

34. La prescription peut être invoquée, tout aussi bien par les personnes civilement responsables que par les auteurs des délits, et elle s'applique aussi bien aux incidents de procédure qu'aux débats sur le fond.

35. La prescription de la peine a pour effet de libérer le condamné des condamnations prononcées contre lui.

36. Les articles qui suivent ont trait à cette prescription :

« Art. 636 du code d'inst. crim. « **Les peines portées par les arrêts ou jugements rendus en matière correctionnelle, se prescriront par cinq années révolues à partir de la date de l'arrêt ou du jugement rendu en dernier ressort, et, à l'égard des peines portées par les tribunaux de première instance, à compter du jour où ils ne pourront plus être attaqués par la voie de l'appel.** »

37. Art. 639 du code d'inst. crim. ‹ **Les peines portées par les jugements rendus en matière de simple police seront prescrites après deux années révolues, savoir : pour les peines prononcées par arrêt ou jugement en dernier ressort, à compter du jour de l'arrêt ; et à l'égard des peines prononcées par les tribunaux de première instance, à compter du jour où ils ne pourront plus être attaqués par la voie de l'appel** ›.

38. En toute matière, la prescription court donc à compter du jour de la date des arrêts ou jugements. Et, à l'égard des jugements rendus par défaut, du jour où ces décisions, légalement signifiées, sont susceptibles d'exécution.

39. Si pendant l'exécution de la peine, le prisonnier s'évade, la prescription courra du jour de l'évasion.

40. Contrairement à ce qui a été dit pour la prescription de l'action, les règles des articles 636 et 639 ne régissent pas les condamnations civiles ; l'art. 642 du Code d'inst. crim. est formel : « **Les condamnations civiles portées par les arrêts ou par les jugements rendus en matière criminelle, correctionnelle ou de police, et devenues irrévocables, se prescriront d'après les règles établies par le code civil** ».

41. Cet article comprend, non seulement les dommages-intérêts, mais aussi les restitutions et les frais. On doit également l'appliquer aux amendes qui n'ont pas un caractère pénal.

42. L'incarcération du condamné, seule, peut interrompre la prescription d'une peine corporelle, tandis que toutes les autres voies d'exécution peuvent valablement interrompre la prescription des peines pécuniaires.

43. La prescription de la peine une fois acquise, ne permet plus de juger le condamné, même sur sa demande.

Presse

1. Les crimes et délits de Presse sont, en principe, déférés aux cours d'assises.

2. Les seules infractions qui échappent, aujourd'hui, à cette juridiction sont les contraventions d'ordre secondaire punies de peines de simple police et un certain nombre d'infractions, la plupart matérielles, dont la connaissance est attribuée au tribunal correctionnel.

3. La loi du 29 juillet 1881, qui règle cette matière, a conservé la définition classique de la diffamation et de l'injure de la loi de 1819. Elle apporte néanmoins deux modifications légères à cette loi, en ce qui concerne l'injure : elle supprime toute distinction entre l'injure simple et celle qui renferme l'imputation d'un vice déterminé ; elle admet, en outre, l'excuse de la provocation pour l'injure, même publique.

4. En cette matière, la poursuite a lieu conformément aux règles du code d'instruction criminelle.

5. L'art. 60 de la loi du 29 juillet 1881 contient cependant quelques dispositions nouvelles que nous passons rapidement en revue :

6. Il exige, dans certains cas de diffamation ou d'injures envers les particuliers, avant toute poursuite, la plainte de la personne diffamée ou injuriée.

7. Il réduit le délai de la citation à 24 heures, dans le cas de diffamation ou injure, pendant la période électorale, envers un candidat à une fonction élective.

8. Il prescrit l'obligation de préciser et qualifier les faits incriminés dans la citation et les réquisitions à fin d'instruction.

9. Enfin, le désistement du plaignant arrête la poursuite commencée.

10. De plus, l'art. 63 de la loi du 29 juillet 1881 supprime l'aggravation des peines résultant de l'état de récidive. — § 1er : « **L'aggravation des peines résultant de la récidive ne sera pas applicable aux infractions**

prévues par la loi..... » et le deuxième paragraphe applique aux délits prévus par la loi les dispositions de l'art. 365 du code d'instruction criminelle. — § 2 : « **En cas de conviction de plusieurs crimes ou délits prévus
par la présente loi, les peines ne se cumuleront pas, et la plus forte sera
seule prononcée** ».

11. L'art. 64 règle l'effet de l'admission des circonstances atténuantes
en faveur des prévenus et décide que « **la peine prononcée ne pourra excéder la moitié de la peine édictée par la loi** ».

12. La loi de 1881 fixe à trois mois le délai de la prescription. Art. 65 :
« **L'action publique et l'action civile résultant des délits et contraventions se
prescriront après trois mois révolus, à compter du jour du dernier acte de
poursuite, s'il en a été fait.** »

13. L'interdiction de la preuve des faits diffamatoires est rigoureusement restreinte aux diffamations commises envers les particuliers.

Prévention. Prévenus.

1. La prévention commence, en matière criminelle, lorsqu'une ordonnance du juge d'instruction a renvoyé celui qui est l'objet d'une poursuite
devant le tribunal de police correctionnelle, pour être jugé à raison de
de faits qui lui sont imputés ; ou devant la chambre des mises en accusation, appelée à juger si ces faits constituent un crime et si les charges
sont suffisantes pour nécessiter un renvoi devant la Cour d'assises.

2. Le code d'instruction criminelle emploie le mot *prévenu* auquel il
donne la signification, tantôt d'individu dénoncé ou poursuivi seulement,
tantôt d'individu contre lequel un mandat quelconque a été décerné.

3. Si les prévenus en état de détention préventive, refusent de sortir de
prison et de venir à l'audience au jour indiqué, sommation leur est faite
par un huissier, commis par le Président ou le Ministère public et assisté
de la force publique. L'huissier dresse procès-verbal de la sommation et
de la réponse (art. 8 et 12 loi du 9 septembre 1835).

4. Si les prévenus n'obtempèrent pas à la sommation, le Président *peut*
ordonner qu'ils soient amenés par la force devant le tribunal ; ou bien,
après lecture faite à l'audience du procès-verbal constatant leur résistance,
il peut ordonner qu'il soit, nonobstant leur absence, passé outre aux débats. Après chaque audience, le greffier va à la prison donner lecture des
débats aux non-comparants, et il leur est signifié copie des réquisitions
du Ministère public, ainsi que des jugements qui sont tous réputés contradictoires à leur égard (même loi, art. 9 et 12).

5. Ces dispositions pourraient s'appliquer au prévenu qui, troublant
l'audience, serait reconduit en prison.

Procès-verbaux.

1. *Les procès-verbaux sont des actes par lesquels les officiers de police judiciaire et les agents de l'autorité constatent les crimes, délits et contraventions qui parviennent à leur connaissance.*

— Voir, v° officiers de police judiciaire, la nomenclature des fonctionnaires appelés à recevoir les rapports, dénonciations et plaintes, à constater les délits et contraventions et à dresser des procès-verbaux.—

2. L'art. 154 du Code d'inst. crim. porte : « **Les contraventions seront prouvées, soit par procès-verbaux ou rapports, soit par témoins à défaut de rapports et procès-verbaux, ou à leur appui.** » Cette article, sous la rubrique « des tribunaux de simple police » est rendu applicable aux délits correctionnels par l'art. 189 du même code. (Voir v° audiences, n° 12, pour la lecture du procès-verbal à l'audience).

3. Tout procès-verbal doit indiquer :

1° Les noms, prénoms, qualité et résidence du fonctionnaire qui l'a rédigé,

2° La date, le lieu et l'heure où il a été dressé,

3° Les faits matériels qu'il a pour but de constater,

4° Les noms, prénoms, âge et profession, domicile et état-civil des délinquants ; — mêmes indications concernant les plaignants,

5° L'indication des témoins, et, s'il est possible, leurs déclarations,

6° L'émunération et la description des objets saisis,

7° Le nom des personnes civilement responsables,

En un mot, tous les renseignements utiles et la signature du rédacteur.

4. La loi a, dans certains cas, fixé les délais dans lesquels les procès-verbaux doivent être signés :

5. Sont signés, *de suite*, à peine de nullité, les procès-verbaux,

En matière de douane (art. 2 tit. IV de la loi du 9 floréal, an VII),

En matière de contributions indirectes (art. 68, décret du 18 avril 1816),

En matière de garantie (art. 101, loi du 19 brum. an VI),

Dans les vingt-quatre heures, les procès-verbaux

En matière de délits ruraux (7, loi du 28 septembre 1791),

En matière de poids et mesures (ord. du 17 avril 1839).

6. Les procès-verbaux doivent être écrits de la main des fonctionnaires et employés verbalisateurs.

7. Cependant, les lois de 1790, 1791 et l'art. 11 du Code d'inst. crim. autorisent les gardes qui n'écrivent pas eux-mêmes leurs procès-verbaux à faire leurs déclarations aux juges de paix, à leurs suppléants, à leurs greffiers, aux maires et adjoints, aux commissaires de police, tous fonctionnaires déclarés aptes à les rédiger. Ils ont, dans ce cas, la même valeur légale que s'ils étaient écrits de leurs mains.

8. Avant donc d'annuler les procès-verbaux non écrits par les gardes, le juge doit examiner et constater s'ils n'ont pas été écrits par un des fonctionnaires ci-dessus désignés. (Cassation, 22 janvier 1887).

9. Les procès-verbaux en matière de douanes et de contributions indirectes doivent être rédigés par deux préposés ; ils doivent contenir, à peine de nullité, les énonciations déterminées par les lois du 9 floréal, an VII, et 5 ventôse, an XII, 1ᵉʳ germinal, an XIII.

10. L'Enregistrement des procès-verbaux doit avoir lieu dans les quatre jours de leur date (art. 20, § 1ᵉʳ, de la loi du 22 frimaire, an VII.

11. Le défaut d'enregistrement dans ce délai entraine la nullité des procès-verbaux qui font foi jusqu'à inscription de faux.

12. Les procès-verbaux faisant foi jusqu'à preuve contraire conservent leur force, sauf ceux des gardes forestiers qui sont nuls, s'ils ne sont pas enregistrés dans le délai de la loi (176 C. F.).

13. Les procès-verbaux, *faisant foi jusqu'à inscription de faux*, sont ceux :

1° Des proposés des Cont. Indir. (art. 26 du décret du 1ᵉʳ germinal, an XIII),

2° Des préposés des douanes, relativement aux importations et exportations (art. 11 de la loi du 9 floréal, an VII),

3° Des préposés des octrois (art. 75 de l'ord. du 9 décembre 1814).

4° Des agents des bureaux de garantie des matières d'or et d'argent (Cass. 17 décembre 1822).

5° Des agents et gardes forestiers, quand ils sont dressés par deux agents ou gardes, ou que, dressés par un seul, ils ne peuvent entrainer une condamnation s'élevant à plus de 100 fr. (art. 175, 176 et 177 du C. F.).

6° Des gardes-pêche, mais quand ils sont dressés par deux gardes, ou constatent un délit passible d'une amende de 5 francs au plus (art. 23 et 24 de la loi du 15 avril 1829).

7° Des gardes du génie (art. 2 du décret du 29 mars 1806).

8° Des gardes-consignes des places fortes (art. 19 loi du 16 septembre 1011).

14. L'art. 154, § 2, porte que « **Nul ne sera admis, à peine de nullité, à faire preuve par témoins outre et contre le contenu aux procès-verbaux ou rapports des officiers de police ayant reçu de la loi le pouvoir de constater les délits ou les contraventions, jusqu'à inscription de faux...**

15. Les procès-verbaux *faisant foi jusqu'à preuve contraire* sont ceux :

1° Des membres du Parquet.

2° Des juges de paix.

3° Des maires, adjoints, commissaires de police.

4° Des officiers, sous-officiers, brigadiers de gendarmerie et gendarmes.

5° Des gardes-champêtres et particuliers (188 C. F.).

6° Des gardes et agents forestiers et gardes-pêche, dans le cas où le procès-verbal ne fait pas foi jusqu'à inscription de faux. (art. 177 C. F.).

7° Des surveillants et gardes-pêche maritimes (ord. 14 août 1816).

8° Des agents-voyers (11. loi du 23 mai 1836).

9° Des officiers, conducteurs, piqueurs, cantonniers, ingénieurs des ponts et chaussées, et agents de la grande voirie (2. loi du 29 fl. an X).

10° Des agents assermentés des chemins de fer (23 loi du 15 juillet 1845), et des commissaires de surveillance administrative des chemins de fer.

11° Des agents des postes (3. loi du 27 plairial, an X).

12° Des vérificateurs des poids et mesures (7. loi du 4 juillet 1837).

16. « Quant aux procès-verbaux des agents, préposés ou officiers, dit l'art. 154, § 2, auxquels la loi n'a pas accordé le droit d'en être crus jusqu'à inscription de faux, ils pourront être débattus par des preuves contraires, soit écrites, soit testimoniales, si le tribunal juge à propos de les admettre. »

17. Les procès-verbaux ne valant que *comme simples renseignements* sont ceux:

1° Des agents de police, sergents de ville et officiers de paix (Cass. 3 mars 1865).

2° Des officiers de police judiciaire et agents de la force publique, lorsque les faits consignés résultent, non d'une constatation personnelle, mais de simples déclarations recueillies au cours d'une enquête (Cass. 12 mai 1876 — 15 mars 1878.)

3° Des officiers publics qui n'ont pas qualité pour constater des délits ou contraventions et de ceux qui, ayant cette qualité, agissent en dehors de leur mandat.

Questions préjudicielles.

1. *Ce sont des exceptions qui suspendent la poursuite ou le jugement d'un crime, d'un délit ou d'une contravention, jusqu'à la vérification préalable d'un fait antérieur dont l'application est une condition indispensable de cette poursuite ou de ce jugement.* F. Hélie T. 2. p. 224.

2. Il y a des questions qui sont préjudicielles à l'action elle-même. Celle-ci ne peut, en effet, être mise en mouvement qu'après leur examen, sous peine de relaxe immédiate du prévenu.

3. Il y en a d'autres qui ne sont préjudicielles qu'au jugement, c'est-à-dire que la décision seule, est entravée. Ici le prévenu ne peut être renvoyé, il y a lieu simplement à sursis.

4. Sont préjudicielles à l'action les questions d'Etat pour tous les délits qui ont pour but la suppression, la supposition, la falsification et le changement d'un état-civil d'une personne.

5. Dans ce cas l'action du ministère public est paralysée, alors même que l'action civile sur l'état de l'enfant n'a pas encore été engagée par les parties intéressées (Voir : *Pandectes françaises*, V° action publique, numéro 467).

6. Mais la partie civile ne peut pas saisir de cette question la justice criminelle.

7. Art. 326 du code civil : « **Les tribunaux civils seront seuls compétents pour statuer sur les réclamations d'état.** »

8. Art. 327 du code civil : « **L'action criminelle contre un délit de suppression d'état ne pourra commencer qu'après le jugement définitif sur la question d'état.** »

9. Ce dernier article exige, pour son application : 1° que la question d'état soit une question de filiation, 2° qu'elle mette en jeu l'état de l'enfant, 3° qu'elle soit une question principale.

10. Sont *préjudicielles* au jugement : *l'existence du contrat*, en matière de violation de contrat, *l'existence du titre*, en matière de destruction de titre, *l'existence du droit de propriété*, en matière de délits contre la propriété.

11. Dans ce dernier cas, il faut que le droit soit fondé sur un titre ou sur une possession suffisante pour la prescription.

12. Il ne peut s'agir que d'une question de propriété ou de tout autre droit réel sur les immeubles.

13. L'exception qui porterait sur un objet mobilier est de la compétence du juge criminel.

14. Enfin, pour que l'exception soit admise, il faut : 1° que le droit invoqué soit de nature à ôter au fait tout caractère de délit, 2° qu'il soit personnel à celui qui l'invoque ; ainsi le fermier ne peut pas exciper d'un droit appartenant au bailleur, 3° qu'il soit accompagné d'un commencement de preuve (art. 182 C. F. et 59 de la loi du 15 avril 1829).

15. Le tribunal, en ordonnant le sursis, est obligé, sous peine de cassation, de fixer un délai, dans lequel le prévenu devra justifier de ses diligences.

16. La prescription est interrompue pendant ce délai.

17. On appelle quelquefois improprement « questions préjudicielles » l'examen des demandes en renvoi, des incidents fondés sur des moyens dilatoires, des déclinatoires, résultant, par exemple, d'un privilège de juridiction.

18. En matière de forêts, l'exception préjudicielle et les règles à suivre sont prévues par l'art. 182 du code forestier. Il est ainsi conçu : « **Si dans une instance en réparation de délits ou contraventions, le prévenu excipe d'un droit de propriété ou autre droit réel, le tribunal saisi de la plainte statuera sur l'incident en se conformant aux règles suivantes :**
L'exception préjudicielle ne sera admise qu'autant qu'elle sera fondée, soit sur un titre apparent, soit sur des faits de possession équivalents, personnels au prévenu et par lui articulés avec précision, et si le titre produit ou les faits articulés sont de nature, dans le cas où ils seraient reconnus par l'autorité compétente, à ôter au fait qui sert de base aux poursuites tout caractère de délit ou de contravention ».

Récidive

1. *La récidive est l'état de l'individu qui commet un crime, un délit ou une contravention après avoir été déjà condamné pour crime, délit ou contravention.*

2. Il y a récidive, en matière correctionnelle ;

Lorsqu'un individu, déjà condamné pour crime à une peine supérieure à une année d'emprisonnement, aura commis un délit ou un crime qui devra n'être puni que de peines correctionnelles...... » (art. 57 du Code pénal).

2°........ « Lorsque les coupables, condamnés correctionnellement à un emprisonnement de plus d'une année, commettront un nouveau délit ou crime qui devra n'être puni que de peines correctionnelles...... » (art. 58 du Code pénal).

3. Pour qu'une première condamnation puisse servir de base à la récidive, il faut qu'elle ait été prononcée et même qu'elle soit devenue définitive avant la perpétration du fait qui a motivé de nouvelles poursuites.

4. Ainsi, une condamnation par contumace, une condamnation résultant d'un jugement susceptible d'opposition ou d'appel ne peuvent servir de premier terme à une récidive.

5. Les condamnations émanant de tribunaux d'exception, notamment les tribunaux militaires ou maritimes, ne peuvent devenir le premier terme de la récidive qu'autant qu'elles ont été prononcées pour des crimes et délits punissables d'après les lois ordinaires.

6. Peu importe le délai qui s'écoule entre la première condamnation et la perpétration du second fait délictueux.

7. Le condamné, qui a obtenu sa réhabilitation, n'est pas passible de l'aggravation de peine résultant de la récidive ; c'est ce qui résulte des termes de l'art. 634 du code d'inst. crim. dans son § 1er : « La réhabilitation fait cesser pour l'avenir, dans la personne du condamné, toutes les incapacités qui résultaient de la condamnation.... »

8. L'amnistie produit le même résultat (Cass. 25 novembre 1853).

9. La grâce laisse subsister les condamnations avec leurs conséquences légales (Cass. 5 juillet 1821. — 4 juillet 1828).

10. Ne peut devenir le second terme de la récidive toute condamnation pour : 1° rupture de ban ; 2° évasion (Cass. 14 avril 1864) ; 3° et celles prononcées par des tribunaux étrangers (cass. 27 novembre 1828).

11. Certaines lois, sur la pêche, sur la chasse, sur les fraudes commerciales, renferment des dispositions spéciales concernant la récidive.

12. Le jugement qui exprime l'état de récidive doit énoncer en quoi consiste cet état de récidive, à peine de nullité (Cass. 16 mars 1840).

13. Mais il a été décidé que la condamnation à raison de la récidive est suffisamment motivée lorsque la décision vise et transcrit les articles 57, 58 du code pénal (Cass. 1er décembre 1859).

14. Une circulaire ministérielle, en date du 23 février 1874, traite la question des récidives à l'occasion de la loi du 23 janvier 1873, sur l'ivresse : « tout individu, dit-elle, qui ayant été condamné deux fois en simple police, commettra une nouvelle infraction dans les douze mois qui suivront, devra être traduit, en état de récidive, devant le tribunal correctionnel, mais il faudra pour cela que la troisième infraction se soit produite dans le canton où la précédente avait eu lieu. Si, dans l'année subséquente, il se rend coupable d'une quatrième infraction, en quelque lieu que ce soit, il devra être cité devant la juridiction correctionnelle et requis contre lui l'application de l'art. 2 § 2 ».

15. Une autre circulaire ministérielle, en date du 20 novembre 1876, s'exprime ainsi : « La loi sur l'ivresse n'a pas créé une contravention privilégiée, et il y a récidive ordinaire, alors même que la contravention de police qui a précédé celle d'ivresse, et qui a donné lieu à une condamnation dans les douze mois et dans le même canton, est d'un autre ordre. C'est le sens du § 2 de l'art. 2 de la loi de 1873, qui se réfère à l'art. 483 du code pénal, et qui permet d'appliquer au récidiviste l'emprisonnement pendant trois jours, aux termes de l'art. 474 du même code ».

16. Le § 1er de l'art. 63 de la loi du 29 juillet 1881, contient une dérogation au droit commun en ce qui concerne la récidive. Les articles 56, 57 et 58 du code pénal ne sont plus applicables en matière de presse.

17. Cependant, cette loi punit la récidive dans trois cas spéciaux ; le premier et le deuxième sont prévus par le § 2 de l'art. 2 et le § 3 de l'art. 21. Ils sont relatifs à des contraventions de simple police ;

Le troisième a trait aux avocats et officiers ministériels et il est indiqué dans le § 4 de l'art. 41.......... « **Les Juges pourront aussi........ faire des injonctions aux avocats et officiers ministériels et même les suspendre de leurs fonctions. La durée de cette suspension ne pourra excéder deux mois et six mois en cas de récidive dans l'année.** »

Récusation

1. *La récusation est une exception par laquelle une partie refuse d'avoir pour juge un ou plusieurs membres du tribunal saisi du procès.*

2. Le code d'inst. crim. ne contient aucune disposition relative à la récusation des juges en matière criminelle, correctionnelle ou de simple police.

3. Mais les auteurs sont unanimes à enseigner qu'il faut suppléer au silence de la loi criminelle en appliquant, dans ce cas, les articles 378 et suivants du Code de Procédure civile.

4. C'est aussi ce que décide la jurisprudence : « les causes de récusation, porte un arrêt de la C. de Paris du 14 décembre 1867, énumérées dans l'art. 378 du Code de Procédure civile, sont toutes admissibles pour les prévenus traduits en police correctionnelle (Cass. 6 février 1860).

5. La demande en récusation doit être jugée par le tribunal auquel appartient le magistrat récusé. Elle doit être portée devant le tribunal jugeant correctionnellement.

6. Celui-ci peut, d'ailleurs, rejeter comme insuffisantes ou non justifiées des causes de récusation qui seraient reconnues par le juge récusé (Cass. 29 juin 1840).

7. Ce dernier ne peut concourir à juger sa propre récusation.

8. La demande en récusation est recevable, tant que le prévenu n'a pas accepté le débat oral, à dater duquel s'exerce pour lui le droit de défense (Cass. 13 février 1846).

9. Quant à la forme de procéder, en l'absence de dispositions spéciales dans le Code d'inst. crim., on admet qu'il faut encore suivre les règles de la Procédure civile, art. 384 (Paris 10 janvier 1868).

10. L'acte de récusation doit préciser les faits. On ne saurait verbalement les articuler à l'audience (Cass. 3 août 1838).

11. Au surplus, les tribunaux doivent relever d'office et en tout état de cause les irrégularités de la procédure de récusation, celle-ci intéressant l'ordre public.

Règlement de juges.

1. *Le Règlement de Juges est l'acte par lequel est renvoyé au juge compétent par une juridiction supérieure la connaissance d'une affaire dans laquelle il y a, entre deux tribunaux, soit conflit positif, résultant de ce que tous les deux sont simultanément saisis, soit conflit négatif, résultant de ce qu'ils se sont successivement déclarés incompétents.* (Voir v° conflits n°s 16 et suiv.)

2. Le conflit peut se produire, soit entre deux tribunaux ressortissant à la même cour, soit entre deux tribunaux indépendants l'un de l'autre.

3. Dans le premier cas, le règlement appartient à la Cour dans le ressort de laquelle se trouvent les deux tribunaux. L'art. 540 du code d'inst. crim. expose cette règle d'une manière précise : « **Lorsque..... deux tribunaux de première instance, établis dans le ressort de la même cour d'appel**

seront saisis de la connaissance du même délit ou de délits connexes, les parties seront réglées de juges par cette Cour, suivant la forme prescrite au présent chapitre..... »

4. Dans le second cas, c'est la cour de cassation qui réglera de juges, aux termes des art. 526 et 527 du Code d'inst. crim. : Art. 526 : « Il y aura lieu à être réglé de juges par la Cour de cassation, en matière criminelle, correctionnelle ou de police, lorsque les cours, tribunaux, ou juges d'instruction, ne ressortissant pas les uns les autres, seront saisis de la connaissance du même délit, ou de délits connexes, ou de la même contravention. » art. 527 : « Il y aura lieu également à être réglé de juges par la Cour de cassation...... lorsqu'un tribunal d'exception, d'une part,.... un tribunal jugeant correctionnellement... d'autre part, seront saisis de la connaissance du même délit ou de délits connexes, ou de la même contravention. »

5. La première hypothèse s'applique également au cas où le conflit s'est élevé entre deux tribunaux de simple police du même arrondissement. L'art. 540 du code d'inst. crim. § 2. s'exprime ainsi, sur ce point : « Lorsque deux tribunaux de simple police seront saisis de la connaissance de la même contravention, ou de contraventions connexes,les parties seront réglées de juge par le tribunal auquel il ressortissent l'un et l'autre..... »

6. La demande en règlement de juges peut être formée par tous ceux qui ont intérêt à ne pas laisser interrompre le cours de la justice : prévenu, partie civile et ministère public.

7. « Toutes demandes, aux termes de l'art. 525 du code d'inst. crim., seront instruites et jugées sommairement et sur simples mémoires.

8. Cette procédure, la seule prévue par le code d'inst. crim., doit être suivie devant les tribunaux réglant de juges.

9. Pour qu'il y ait lieu à règlement de juges, il faut que deux ou plusieurs tribunaux, saisis du même délit ou de délits connexes, aient rendu des décisions passées en force de chose jugée.

10. Par suite, il faut recourir à règlement de juges lorsque deux tribunaux se sont déclarés tous les deux incompétents. Il y a là conflit négatif ; ces cas sont les plus nombreux.

11. Il n'y a pas lieu à règlement de juges, en cas de rejet d'un déclinatoire. Art. 539 du Code d'inst. crim. : « Lorsque le prévenu..., l'officier chargé du ministère public ou la partie civile, aura excipé de l'incompétence d'un tribunal de première instance......, ou proposé un déclinatoire, soit que l'exception ait été admise ou rejetée, nul ne pourra recourir à la Cour de cassation pour être réglé de juges................. ».

12. Quant au juge devant lequel l'affaire est renvoyée, c'est en général celui du lieu des délits, à moins que des motifs d'administration de la justice ou d'économie de frais ne commandent à la cour régulatrice une autre désignation (Cass. 20 avril 1843).

13. Lorsque l'affaire est renvoyée devant un tribunal, qui s'était précédemment déclaré incompétent, il faut que ce soit d'autres juges qui connaissent du renvoi.

Relégation.

1. *La relégation consiste dans l'internement perpétuel sur le territoire des colonies ou possessions Françaises des condamnés que la loi du 27 mai 1885 a pour objet d'éloigner de France.*

2. La loi du 27 mai 1885, sur la relégation, est devenue exécutoire à partir de la promulgation d'un règlement d'administration publique qui porte la date du 26 novembre 1885.

3. L'application de la loi du 27 mai va donner lieu à de nombreuses difficultés disait M. le procureur général près la Cour de Limoges, dans une circulaire du 25 janvier 1886. Cet éminent magistrat lisait dans l'avenir ; cette loi a, en effet, soulevé de nombreuses difficultés pratiques et de nombreuses questions théoriques.

4. Dans son article 2, la loi de 1885 pose d'abord, en principe, que : « la relégation ne sera prononcée que par les cours et tribunaux comme conséquence des condamnations encourues devant eux, à l'exclusion de toutes les juridictions spéciales et exceptionnelles. »

5. Et dans l'article 4, cette même loi s'exprime ainsi : Seront relégués les récidivistes qui, dans quelque ordre que ce soit, et dans un intervalle de dix ans, non compris la durée de toute peine subie, auront encouru les condamnations énumérées à l'un des paragraphes suivants :

6. Ces paragraphes, au nombre de quatre, se résument comme suit : Premier cas :

> **Deux condamnations :**
> aux travaux forcés ou à la réclusion.

7. Deuxième cas :

> **Trois condamnations, dont**

Une,   aux travaux forcés ou à la réclusion,

Deux { *soit* à l'emprisonnement pour faits qualifiés crimes,
{ *soit* à plus de trois mois d'emprisonnement pour : { vol,
escroquerie,
abus de confiance,
outrage public à la pudeur,
excitation habit. de mineurs à la débauche,
vagabondage, } par application des art. 277
mendicité, } et 279 du code pénal.

8. Troisième cas :

> **Quatre condamnations :**

soit   à l'emprisonnement pour faits qualifiés crimes,

soit à plus de trois mois d'emprisonnement pour : { vol,
escroquerie,
abus de confiance,
outrage public à la pudeur,
excitation habituelle de mineurs à la débauche,
vagabondage, } par application des art. 277 et 279
mendicité, } du code pénal.

9. Quatrième cas :

Sept condamnations,

Deux au moins prévues par les 2 § précédents c'est-à-dire { et *une* avec cette *dernière* ou *deux* sanselle { *une* aux travaux forcés ou à la réclusion. { *soit* à l'emprisonnement pour faits qualifiés crimes. *soit* à plus de trois mois d'emprisonnement pour : { vol, escroquerie, abus de confiance, outrage public à la pudeur, excitation habituelle de mineurs à la débauche, vagabondage, } art. 277 et 279 mendicité, } du code pénal.

Deux à plus de trois mois d'emprisonnement pour } vagabondage, infraction à l'art. 19.

Les autres sans condition de durée pour } vagabondage, infraction à l'art. 19.

10. Comptent en vue de la relégation, aux termes de l'art. 9 :

Les condamnations encourues antérieurement à la promulgation de la loi de 1885. Néanmoins, tout individu qui aura encouru avant cette époque des condamnations, pouvant entraîner dès maintenant la relégation, n'y sera soumis qu'en cas de condamnation nouvelle, dans les conditions ci-dessus prescrites, — et aux termes de l'art. 5 : — les condamnations ayant fait l'objet de grâces, commutations et réductions de peines.

11. Peuvent compter pour la relégation, d'après l'art. 2, § 2 :

Les condamnations prononcées par les tribunaux militaires et maritimes, en dehors de l'état de siège ou de guerre, pour les crimes ou délits de droit commun spécifiés à la présente loi.

12. Ne comptent pas pour la relégation :

1° Les condamnations pour crimes ou délits politiques (art. 3) ;

2° Les condamnations pour crimes ou délits connexes aux condamnations pour crimes ou délits politiques (art. 3) ;

3° Les condamnations qui auront été effacées par la réhabilitation (art. 5).

13. « La relégation n'est pas applicable aux individus qui seront âgés de plus de 60 ans ou de moins de 21 ans à l'expiration de leur peine. Toutefois les condamnations encourues par le mineur de 21 ans compteront en vue de la relégation, s'il est, après avoir atteint cet âge, de nouveau condamné dans les conditions prévues par la présente loi » (art. 6).

14. L'art. 10 enjoint de prononcer par le même jugement la relégation et la peine principale et de viser expressément les condamnations antérieures par suite desquelles la relégation sera applicable. — Le mot expressément indique qu'il s'agit d'une formalité substantielle.

15. L'art. 11, § 2, porte, qu'un défenseur d'office sera nommé au prévenu

---

Le résumé ci-dessus des cas de relégation est emprunté au code pratique de la relégation que M. Jambois, substitut au tribunal de la Seine, a fait paraître en 1886.

contre lequel la relégation peut être prononcée et ce, à peine de nullité. — Cette désignation appartient au président de la chambre correctionnelle, par analogie avec la situation prévue par l'art. 29 de la loi du 22 janvier 1851.

Renvoi d'un tribunal à un autre.

1. *On entend, en général, par demande en renvoi d'un tribunal à un autre, la demande tendant à obtenir qu'un tribunal se dessaisisse d'une affaire, dont il devrait régulièrement connaître.*

2. Les demandes en renvoi sont autorisées par les art. 542—552 du code d'inst. crim., pour cause de sûreté publique ou de suspicion légitime du juge.

3. Elles peuvent être formées, soit par le ministère public, soit par les parties intéressées, mais uniquement dans le cas de suspicion légitime.

4. Il n'appartient qu'à la cour suprême de prononcer le renvoi d'un tribunal à un autre.

5. C'est la Cour de cassation, seule, qui peut également, avant de statuer sur le mérite du renvoi, ordonner un sursis.

6. Ainsi donc, la requête présentée à la Cour de cassation ne suffit pas pour permettre à la juridiction saisie de surseoir. Il faut, pour cela, que la Cour ait ordonné le sursis, soit expressément, soit d'une manière implicite, en prescrivant la notification au ministère public près le tribunal saisi des demandes en renvoi.

7. Le tribunal, devant lequel l'affaire est renvoyée, doit statuer, alors même qu'une décision aurait déjà été rendue par le juge dessaisi, avant l'arrêt de la Cour de cassation. Cette décision est considérée comme non avenue.

8. Mais le tribunal de renvoi est toujours libre d'examiner sa propre compétence.

9. Le code d'inst. crim. trace la procédure à suivre dans cette matière. Nous n'avons pas à l'indiquer ici, pas plus que nous ne pouvons, vu le cadre de cet ouvrage, nous appesantir sur les causes possibles des renvois.

Responsabilité civile.

1. *La responsabilité civile, qui fait l'objet des dispositions de la loi pénale, est, en général, l'obligation imposée à un tiers de répondre du préjudice causé par les crimes et délits des personnes qui sont placées sous sa dépendance.*

2. En principe, les fautes sont personnelles, et la responsabilité pénale des faits délictueux pèse exclusivement sur les auteurs mêmes de ces faits et ne doit être prononcée que contre eux.

3. Aussi, la responsabilité civile n'est-elle qu'accessoire au code pénal. C'est ce que décide l'art. 74 du code pénal : « **Dans les cas de responsabilité civile qui pourront se présenter dans les affaires criminelles, correctionnelles ou de police, les cours et les tribunaux devant lesquels ces affaires seront portées se conformeront aux dispositions du code civil.** »

4. En cette matière, la règle générale est posée par l'art. 1384 du code civil : « **On est responsable, non seulement du dommage que l'on cause par son propre fait, mais encore de celui qui est causé par le fait des personnes dont on doit répondre, ou des choses que l'on a sous sa garde.**

Le père et, la mère après le décès du mari, sont responsables du dommage causé par leurs enfants mineurs habitant avec eux.

Les maîtres et les commettants, du dommage causé par leurs domestiques et préposés dans les fonctions auxquelles ils les ont employés ;

Les instituteurs et les artisans, du dommage causé par leurs élèves et apprentis pendant le temps qu'ils sont sous leur surveillance ;

La responsabilité ci-dessus a lieu à moins que les pères et mères, instituteurs et artisans, ne prouvent qu'ils n'ont pu empêcher le fait qui donne lieu à cette responsabilité. »

5. Pour que les pères, ou les mères veuves soient responsables du dommage causé par leurs enfants légitimes ou naturels, il faut que ceux-ci soient mineurs et qu'ils demeurent avec eux. Cette responsabilité cesse quand le père ou la mère prouve qu'il lui a été impossible d'empêcher le fait qui y donne lieu, mais elle est encourue, s'il y a eu faute ou négligence de sa part.

6. Elle cesse encore, si l'enfant mineur est émancipé, ou s'il a agi sans discernement.

7. La responsabilité civile, telle que l'établit l'art. 1384, ne comprend que les dépens, les dommages-intérêts et les restitutions civiles.

8. Elle ne s'étend pas aux amendes, en vertu du principe de la personnalité des peines, à moins que la loi n'ait dit en termes formels que les personnes responsables en seraient tenues, ou bien si l'amende est considérée comme faisant partie de réparations civiles.

9. Ainsi, en matière de douanes, la responsabilité civile s'étend même aux amendes, qui sont alors considérées plutôt comme une indemnité due à l'État que comme une peine.

10. De même, en matière de navigation maritime ; l'art. 11 du décret du 19 mars 1852 est ainsi conçu : « **Toutes les amendes appliquées en vertu du présent décret seront prononcées solidairement, tant contre les capitaines, maîtres ou patrons, que contre les armateurs des bâtiments ou embarcations.** »

11. En matière de contributions indirectes, il en est ainsi : Art. 35 de la loi du 1er germinal an XIII: « **Les propriétaires des marchandises sont responsables du fait de leurs facteurs, agents ou domestiques, en ce qui concerne les droits, confiscations, amendes et dépens.** »

12. En matière de roulage, art. 13 de la loi du 30 mai 1851 : « **Tout propriétaire de voiture est responsable des amendes, des dommages-intérêts et des frais prononcés........ contre toute personne préposée par lui à la garde de sa voiture.....** »

13. Par contre, la responsabilité ne s'étend pas aux amendes, en matière forestière ; aux termes de l'art. 206 du code forestier, « **La responsabilité sera réglée conformément au paragraphe premier de l'art. 1384 du code civil, et s'étendra aux restitutions, dommages-intérêts et frais.**

14. Cependant, pour les délits commis dans l'étendue d'une vente, les adjudicataires, qui ne les ont pas constatés, sont responsables des amendes,** » aux termes de l'art. 45 du code forestier.

15. Et, en matière de chasse, la confiscation du fusil, ou la condamnation au paiement de sa valeur, ne rentre pas dans la classe des condamnations civiles dont le père du mineur doit être déclaré responsable.

16. En matière de presse : art. 44 de la loi du 29 juillet 1881, « **les propriétaires des journaux ou écrits périodiques sont responsables des condamnations pécuniaires prononcées au profit des tiers contre les personnes désignées dans les articles 42 et 43** (gérants ou éditeurs, auteurs, imprimeurs, vendeurs, distributeurs ou afficheurs, suivant les cas), **conformément aux dispositions des articles 1382, 1383, 1384 du code civil.** »

17. L'action en responsabilité, étant purement civile, n'est pas éteinte par le décès de la personne civilement responsable, et peut être intentée contre les héritiers, lors même qu'elle n'a pas été intentée avant la mort du prévenu.

18. Mais elle est évidemment soumise à la prescription que la loi criminelle applique au crime ou au délit sur lequel elle se base.

19. Il y a là, en effet, une obligation accessoire qui ne peut durer plus longtemps que l'obligation principale. C'est, dès lors, d'après les règles posées par les art. 637, 638 et 640 du code d'inst. crim., qu'il faut déterminer les délais pendant lesquels elle peut être exercée.

Rétroactivité.

1. Il est de principe que « **la loi ne dispose que pour l'avenir et qu'elle n'a pas d'effet rétroactif.** » Ce sont les termes de l'art. 2 du code civil, qui sont d'une application plus rigoureuse encore en matière correctionnelle qu'en matière civile.

2. On entend par effet rétroactif d'une loi, *l'influence que les modifications d'une loi nouvelle imposent aux droits consacrés par une loi existante, soit en les altérant, soit en les supprimant, soit en en créant de nouveaux.*

3. En matière pénale, tout ce que la loi ne prohibe pas étant tenu pour licite, on ne saurait, par des lois postérieures, rétroactivement troubler les citoyens dans ce qui était le légitime exercice de leur liberté.

4. Dès lors, les tribunaux doivent absoudre tout prévenu poursuivi en vertu d'une loi nouvelle, lorsque la loi, en vigueur au moment où le fait qui lui est reproché n'édictait aucune peine.

5. Néanmoins, et dans l'intérêt du prévenu, en présence de deux textes législatifs, dont le dernier prononce une peine plus douce, c'est celui-ci qui doit être rétroactivement appliqué.

6. En vertu de ce même principe, favorable au prévenu, on ne saurait appliquer une loi qui, bien qu'elle édictât des peines au moment du délit, se trouve abrogée à l'époque du jugement.

7. De même, lorsque dans l'intervalle d'un délit au jugement il a été édicté une loi plus douce que celle qui existait, soit à l'époque du délit, soit à l'époque du jugement, c'est celle-là qui doit être appliquée.

8. Ces exceptions au principe de la non rétroactivité des lois pénales sont applicables aux lois de procédure criminelle.

9. C'est ainsi que devront être déclarées éteintes des poursuites commencées sous une loi ancienne, lorsque, en vertu d'une loi nouvelle, l'action publique et l'action civile se trouvent prescrites.

Rôle correctionnel.

1. Les affaires correctionnelles sont portées à l'audience sans mise au rôle.

2. Cette formalité n'est prescrite qu'en matière civile.

3. A l'égard des affaires poursuivies directement par la partie civile, il est d'usage, dans quelques tribunaux, de ne fixer le jour d'audience que sur la présentation du dossier au président et au procureur de la Répu-

blique, pour éviter un encombrement d'affaires dans une même audience. Le jour ainsi fixé, il est utile qu'une affaire soit portée sur la
feuille d'audience, de manière à connaître exactement le nombre et la
nature des causes à juger.

4. Dans d'autres tribunaux, on procède comme en matière civile. La
cause est inscrite au greffe ; elle est appelée à l'audience correctionnelle
et fixée par le président, contradictoirement avec les parties civiles ou les
avoués qui les représentent.

Serments.

La solennité du serment n'a été réglée par aucune loi civile ; la formule du serment est seule sacramentelle.

Il est cependant d'usage, par déférence envers la justice, de prononcer
la formule légale, sans armes, — debout, — la main droite levée et nue.

L'inobservation de ces conditions ne vicie pas le serment.

La formule peut être prononcée ou écrite.

Les personnes paralysées des deux bras ne sont pas frappées d'incapacité.

Le muet, l'étranger peuvent même être admis au serment, par interprète.

Il est admis, enfin, que chaque témoin peut être appelé à prêter serment suivant le rite de son culte.

(Voir v° témoins).

Serment professionnel.

Effets, 2, 5.	Nomenclature, 8, 9, 10, 11,	Obligations, 1, 3, 4.
Forme, 6, 7.	12.	Refus, 2.
Formules (renvoi)		

1. Le serment est obligatoire pour tous les fonctionnaires. L'art. 196
du code pénal dispose que « **Tout fonctionnaire public qui sera entré en
exercice de ses fonctions sans avoir prêté le serment pourra être poursuivi
et sera puni d'une amende de seize à cent francs.** »

2. Au surplus, le défaut ou le refus de serment doit être considéré
comme une démission (art. 1er du décret du 8 mars 1852).

3. Par fonctionnaire public, il faut entendre tous ceux qui exercent
habituellement et journellement une portion quelconque de l'autorité
(voir la nomenclature ci-après, nos 8, 9, 10) et les officiers auxquels l'in-
vestiture du pouvoir confère un caractère public (voir n° 10 ci-après), tels

sont, dans ce dernier cas, les avocats et les officiers ministériels ou publics.

4. Actuellement, le serment est exclusivement professionnel. En effet, le décret du 5 septembre 1870 porte, dans son § 2, « **Le serment politique est aboli,** » et le décret du 11 septembre 1870, § 1ᵉʳ, maintient le serment professionnel seul.

5. Comme c'est le serment qui achève de donner le caractère de l'homme public, il en résulte que tout acte de l'autorité publique, fait par un fonctionnaire public, non encore assermenté, est nul.

6. Les autorités compétentes pour recevoir le serment de chaque catégorie de fonctionnaires et la formule relative à chaque fonction sont prévues par des lois ou décrets spéciaux.

7. Afin de faciliter l'application de ces textes épars, nous donnons ci-après la nomenclature des divers fonctionnaires qui doivent prêter serment devant chaque autorité déterminée.

FORMULES DES SERMENTS.

I. Avocats. Avoués. —*Vous jurez de ne rien dire ou publier, comme défenseur ou conseil, de contraire aux lois, aux règlements, aux bonnes mœurs, à la sûreté de l'Etat et à la paix publique, et de ne jamais vous écarter du respect dû aux tribunaux et aux autorités publiques.*
Loi du 21 ventôse, an XII, art. 31. — Art. 3 du décret du 15 avril 1852.

II. Chemins de fer (employés des). — *Vous jurez de remplir avec probité et exactitude les fonctions qui vous sont confiées, d'observer fidèlement les lois et règlements concernant la police des chemins de fer et de la télégraphie, et de constater par des procès-verbaux toutes les contraventions qui parviendront à votre connaissance.*
Loi du 20 messidor, an III, art. 4. — Ordonnance du 1ᵉʳ août 1827, art. 150. — Loi du 15 juillet 1845, art. 23.

III. Commissaires-priseurs. — *Vous jurez de vous conformer aux lois et règlements concernant votre ministère et de remplir vos fonctions avec exactitude et probité.*
Décret du 14 juin 1813, art. 7. — Ordonnance du 26 juin 1816, art. 3.

IV. Contributions indirectes. —*Vous jurez de remplir vos fonctions avec exactitude et probité.*
Décret du 1ᵉʳ germinal, an XIII, art. 20. — Instruction générale du 20 septembre 1856.

V. Douanes. — *Vous jurez de remplir vos fonctions avec exactitude et probité.*
Lois des 6-22 juillet et 22 août 1791, art. 12, titre XII et 21 avril 1818, art. 65.

VI. Eaux et forêts (agents, préposés). — *Vous jurez de veiller à la conservation de la propriété dont la garde vous a été confiée.*
Art. 5. 99 et 117 du Code Forestier.

VII. Enregistrement, domaines et hypothèques. — *Vous jurez de remplir avec fidélité et exactitude les fonctions qui vous sont confiées.*
Art. 4 de la loi du 21 ventôse an VII.

VIII. Gardes du commerce. — *Vous jurez de vous conformer aux lois et règlements concernant votre ministère et de remplir vos fonctions avec exactitude et probité.*
Décret du 14 juin 1813, art 7. — Décret du 5 avril 1852, art. 3.

IX. Gardes champêtres des particuliers. —*Vous jurez de veiller à la conservation de toutes les propriétés qui sont sous la foi publique et de toutes celles dont la garde vous a été confiée par l'acte de votre nomination.*
Loi des 19 août-12 septembre 1791, art. 5 chap. 1ᵉʳ, section VII. — Loi du 20 messidor, an III, art. 4. — Loi du 3 brum. an IV. art. 40.

X et XI. Gardes du génie et d'artillerie. — *Vous jurez de veiller à la conservation de la propriété dont la garde vous a été confiée.*
Loi du 22 juin 1854. — Circulaire ministérielle du 23 janvier 1858.

8. *Le président de la République* reçoit le serment :

Des membres de la cour de cassation,

Des premiers présidents et des procureurs généraux des cours d'appel. — art. 2 du décret du 22 mars 1852.

9. *Les cours d'appel*, reçoivent le serment :

Des conseillers, avocats généraux, substituts des procureurs généraux, présidents, juges, procureurs de la République, substituts, greffiers de la cour, présidents et juges des tribunaux de commerce de la cour à laquelle ils ressortissent.

10. *Les tribunaux de première instance* reçoivent le serment :

Des avoués, — art. 31 du décret du 22 ventôse, an XII.

Des greffiers et commis greffiers, — art. 4 du décret du 5 avril 1852.

Des huissiers, — art. 7, décret du 14 juin 1813.

Des commissaires-priseurs, — art. 7, décret du 14 juin 1813.

Des gardes du commerce, — art. 7, décret du 14 juin 1813.

Des notaires, — art. 47 de la loi du 25 ventôse, an XI.

Des fonctionnaires de l'enregistrement, — art. 4, loi du 21 ventôse, an VII.

Des conservateurs des hypothèques, — art. 4, loi du 21 ventôse, an VII.

Des agents et préposés de l'administration forestière, — 5, 99, 117 C. F.

Des gardes champêtres des particuliers, chargés de la garde des bois et forêts, — art. 5, loi des 19 août-12 septembre 1791.

Des maîtres et contre-maîtres chargés de la garde des arbres marqués pour la marine, — règlement des 9 janvier, 17 février 1818, art. 10.

Des gardes-pêche, — art. 7, loi du 15 avril 1829.

Des vérificateurs des poids et mesures, art. 7, loi du 5 juillet 1837.

XII. Gendarmes. - *Vous jurez d'obéir à vos chefs en tout ce qui concerne le service auquel vous êtes appelé, et, dans l'exercice de vos fonctions, de ne faire usage de la force qui vous est confiée que pour le maintien de l'ordre et l'exécution des lois.* — Loi du 21 juin 1836, art. — Décret du 1er mars, 11 avril 1854, art. 67.

XIII. Greffiers. — *Vous jurez et promettez de bien et loyalement remplir vos fonctions et d'observer en tout les devoirs qu'elles vous imposent.*
Décret du 5 avril 1852, art. 4.

XIV. Huissiers. — *Vous jurez de vous conformer aux lois et règlements concernant votre ministère et de remplir vos fonctions avec exactitude et probité.*
Décret du 14 juin 1813, art. 7-11.

XV. Magistrats. — *En présence de Dieu et devant les hommes, vous jurez et promettez de bien et fidèlement remplir vos fonctions, de garder religieusement le secret des délibérations et de vous conduire comme un digne et loyal magistrat.*
Loi du 8 août 1849, art. 3.

XVI. Notaires. — *Vous jurez de remplir vos fonctions avec exactitude et probité.*
Décret du 5 avril 1852, art. 3.

XVII. Postes (employés des). — *Vous jurez de garder et d'observer fidèlement la foi due au secret des lettres et de dénoncer aux tribunaux qui seront indiqués toutes les contraventions qui pourront avoir lieu et qui parviendront à votre connaissance.*
Décret du 20 août 1790, art. 2.

XVIII. Fonctionnaires, Officiers publics ou ministériels dépendant de l'ordre judiciaire, pour lesquels il n'existe pas de formule spéciale, prêteront, aux termes de l'article 4 de la loi du 10 avril 1852, le serment suivant: *Je jure et promets de bien et loyalement remplir mes fonctions, et d'observer en tout les devoirs qu'elles m'imposent.*

Des préposés des douanes, — art. 65, loi du 21 avril 1818.

Des directeurs et inspecteurs des postes et télégraphes,—déc. 20 août 1790.

Des agents du service sanitaire, — art. 72, ordonnance des 7-14 août 1822.

Des gendarmes, — art. 6 du décret du 1er mars 1854.

Des gardes du génie,—art. 31, ordonnance des 1er août, 20 septembre 1821.

Des gardes d'artillerie, — art. 4, loi du 22 juin 1854.

Des gardiens de batterie, — loi du 21 mai 1858.

Des agents des compagnies de chemins de fer,—art. 23, loi du 15 juillet 1845.

Des syndics des gens de mer, — art. 18, décret du 4 juillet 1853.

Des agents et gardes de la compagnie du canal latéral de la Garonne, — art. 71, loi du 8 juillet 1852.

Des guetteurs du service électro-sémaphorique, — décret, 17 mai 1862.

Des juges de paix et de leurs suppléants, — art. 7, décret 14 juin 1813.

11. *Les tribunaux de première instance ou les juges de paix* reçoivent le serment :

Des employés des contributions indirectes, — art. 20 du décret du 1er germinal, an XIII.

Des préposés des octrois, — art. 58 de l'ordonnance du 9 décembre 1814.

Des préposés des matières d'or et d'argent,—ordonnance du 15 juillet 1842.

Des syndics des gens de mer, — art. 18, décret du 4 juillet 1853.

12. *Les juges de paix* reçoivent le serment :

De leurs greffiers, — déc. min. des 30 septembre 1822 et 22 janvier 1823.

Des gardes champêtres des communes, — loi des 19 août-12 septembre 1791.

Des gardes particuliers, — loi des 19 août-12 septembre 1791.

Des gardes-vente dans les forêts, — art. 31 du C. F.

Des receveurs de l'enregistrement, — loi du 16 thermidor, an IV.

13.Nous donnons, en terminant cet article,le texte de l'art. 65 du décret du 30 mars 1808, relatif aux serments. « **Les prestations de serment qui doivent se faire devant le tribunal de première instance seront reçues à l'audience de la chambre que tient le Président, ou à l'audience de la chambre des vacations, si on se présente pour ces prestations de serment pendant les vacances.**

Solidarité

Amende, 9. | Définition, 1. | Mineurs, 10.
Contravention, 11. | Effets 1, 3, 4, 5, 6, 7, 8. | Objet, 2.

1. *La solidarité est relativement à plusieurs débiteurs l'obligation qui leur est imposée de payer chacun pour tous la somme qu'ils doivent en commun.*

2. En matière criminelle, elle fait l'objet de l'art. 55 du Code pénal. « Tous les individus condamnés pour un même crime ou pour un même délit seront tenus solidairement des amendes, des restitutions, des dommages-intérêts et des frais ; » et de l'art. 156 de la loi du 18 juin 1811, « La condamnation aux frais sera prononcée, dans toutes les procédures, solidairement contre tous les auteurs et complices du même fait, et contre les personnes civilement responsables du délit. »

3. La solidarité est de droit contre les individus condamnés pour le même crime ou le même délit. Elle n'a pas besoin d'être prononcée.

4. Pour qu'elle existe, il n'est pas nécessaire que les prévenus aient été condamnés aux mêmes peines, mais il faut qu'ils aient concouru aux mêmes délits et qu'ils aient été condamnés par un même jugement.

5. Sans ces conditions, la solidarité ne pourrait être appliquée aux prévenus, car l'art. 55 suppose évidemment une poursuite simultanée, et il serait impossible d'admettre que la condition d'un condamné put être aggravée après son jugement, par la condamnation postérieure de ses complices.

6. L'individu, poursuivi conjointement avec un autre à raison de plusieurs délits, mais qui n'a été reconnu coupable que d'un délit distinct, ne peut être condamné solidairement à l'amende avec son co-prévenu (Cass. 22 octobre 1885).

7. La solidarité doit être prononcée, non seulement lorsqu'il s'agit d'un même fait, mais lorsqu'il s'agit de faits connexes, et même toutes les fois qu'il est constant que les prévenus ont agi par suite d'un concert formé entr'eux, encore bien que les faits soient distincts (Cass. 26 mars 1874).

8. Lorsque plusieurs individus ont été poursuivis collectivement pour les mêmes faits, les prévenus reconnus coupables peuvent être condamnés solidairement à tous les frais, même à ceux concernant les prévenus acquittés (Cass. 12 octobre 1849).

9. La solidarité s'applique à l'amende comme aux restitutions et aux frais, lorsqu'il s'agit de condamnés pour le même délit, en toute matière correctionnelle, et même dans les matières spéciales, encore bien que l'infraction appartiendrait à la classe des contraventions-délits (Cass. 5 octobre 1872).

10. Le mineur, acquitté comme ayant agi sans discernement, doit être condamné solidairement avec ses co-prévenus, condamnés pour les mêmes faits (Cass. 25 mars 1865).

11. On ne peut invoquer la solidarité dans les matières de police, car l'art. 55 du Code pénal ne parle que des condamnés pour crimes ou pour délits.

Taxe.

1. Il ne rentre pas dans le cadre de notre travail de faire une étude théorique de la taxe en matière correctionnelle.

2. Néanmoins, en présence des difficultés nombreuses que soulève, dans la pratique, cette matière, et des circulaires et instructions récemment émanées de la chancellerie, nous avons cru qu'il ne serait pas sans intérêt de présenter, d'une manière succincte, tout ce qui est d'un usage journalier devant les tribunaux correctionnels

3. Toutes les questions sont tranchées par la chancellerie, et c'est bien plus dans le recueil des décisions ministérielles que dans l'étude des décrets que l'on trouvera les règles aujourd'hui en vigueur.

4. Tout ce qui concerne la taxe se trouve compris dans les décrets des 18 juin 1811 et 7 avril 1813 et dans l'inst. générale du 3 septembre 1826.

5. Il est une règle qui ne souffre aucune exception, c'est que le juge n'a aucun pouvoir d'appréciation et qu'il ne peut dépasser les limites du tarif.

6. On trouvera dans les tableaux ci-après les principales indications nécessaires pour taxer régulièrement les personnes appelées devant le tribunal correctionnel, en témoignage.

Nous ferons précéder ces tableaux des observations suivantes :

7. La taxe est due aux témoins qui comparaissent sur simple avertissement.

8. Le mot « cité » (art. 33) doit s'appliquer aux témoins qui viennent sur simple avertissement.

9. Il résulte de l'art. 82 du Code d'inst. crim. et de l'art. 26 du décret de 1811 qu'aucune taxe ne peut être accordée aux témoins qu'autant qu'ils la demandent.

10. Il n'est dû aucune indemnité de comparution, ni de transport, aux individus qui se trouvent déjà sous la main de la justice, comme prévenus ou comme condamnés (Déc. min. du 30 avril 1831).

11. En ce qui concerne les témoins de nationalité étrangère, il est d'usage d'autoriser les agents diplomatiques à traiter avec eux de gré à gré sur le montant de l'indemnité, en ayant soin de s'écarter le moins possible du taux fixé par le règlement de 1811.

Une circulaire ministérielle du 30 juillet 1872 concerne les témoins domiciliés en France et cités en Italie. Ces témoins doivent recevoir des consuls italiens les avances nécessaires au voyage, et, réciproquement, les consuls français en Italie font les mêmes avances aux témoins cités en France.

12. L'art. 32 du règlement de 1811 n'accorde aux témoins qui reçoivent un traitement que le remboursement des frais de voyage.

13. On doit entendre par traitement tout ce qui est payé, soit sur les fonds du trésor public, soit sur les fonds départementaux, municipaux ou communaux et sous quelque dénomination que ce soit (Inst. gén.).

14. Sont exceptés :

1° Les facteurs des postes ; les règlements de leur administration les obligeant à se faire remplacer à leurs frais (Cir. chanc. 14 août 1878).

2° Les gardes-champêtres et forestiers (art. 3 décret de 1813).

3° Les gardes-pêche (id. Décision du 15 juin 1878).

4° Les gendarmes (art. 3).

15. L'art. 31 du règlement de 1811 s'applique aux marins aussi bien qu'aux soldats de l'armée de terre, mais ni les marins et assimilés, ni les militaires ne peuvent recevoir aucune indemnité du ministère de la Justice.

16. Tous officiers militaires ou civils des différents corps de la marine, officiers de santé, marins, soldats, appelés en témoignage devant les tribunaux correctionnels, seront payés de leurs frais de transport et de séjour par le département de la marine (Déc. min. marine 31 mai 1841).

17. Des feuilles de route sont délivrées et doivent être visées par les Présidents des tribunaux pour constater le jour de l'arrivée et l'époque à laquelle la présence du témoin a cessé d'être nécessaire.

18. Les taxes des témoins doivent être faites par les greffiers. Les écritures de ce genre rentrent dans la classe de celles qui, aux termes de l'art. 63 du décret de 1811, doivent être faites gratuitement par eux, sous la dictée ou l'inspection des magistrats.

19. Les greffiers n'encourent qu'une responsabilité morale, les magistrats étant seuls passibles des restitutions, lorsqu'il y a abus ou exagération dans les taxes.

20. Le décret de 1811 garde le silence sur la voie que doivent suivre le prévenu ou les parties civiles pour faire réformer une taxe qui les lèse. Un recours ne peut cependant leur être dénié et la jurisprudence, obligée de combler la lacune que présente le décret de 1811, applique ici, par analogie, les règles relatives à la taxe en matière civile.

21. La partie contre laquelle a été délivré l'exécutoire peut y former opposition, et cette opposition doit être soumise à la chambre du Conseil (6 déc., 16 fév. 1807).

Pour les détails relatifs à cette question, consulter le *Code des frais de justice* de L. Lautour, ouvrage très complet et justement apprécié.

22. Taxe à experts, interprètes, médecins, sages-femmes.

Lois	Articles ou §	DÉSIGNATION DES PARTIES PRENANTES	ALLOCATIONS		
			Paris	Villes de	
				40.000 et au-dessus	au-des-sous de 40.000
		Experts et interprètes.			
18 juin 1811	22	Pour chaque vacation de jour, et pour chaque rapport, lorsqu'il sera fait par écrit	5 f »	4 f »	3 f »
id.	22	Pour chaque vacation de nuit	7 50	6 »	4 50
id.	23	Les traductions par écrit (par rôle de 30 lignes à la page et de 16 à 18 syllabes à la ligne) . . .	1 25	1 »	» 75
		Frais de transport hors de leur résidence :			
id.	94 n° 1	Pour chaque myriamètre parcouru en allant et en revenant.	2 50	2 50	2 50
id.	95 n° 1	Pour chaque jour de séjour forcé en route.	2 »	2 »	2 »
id.	96 n° 1	Pour chaque jour de séjour dans la ville qui n'est point celle de leur résidence	4 »	2 50	2 »
		Médecins ou Chirurgiens.			
18 juin 1811	17 n° 1	Pour chaque visite et rapport, y compris le premier pansement	6 »	5 »	3 »
id.	17 n° 2	Pour les ouvertures de cadavres et autres opérations plus difficiles que la simple visite et en sus des droits ci-dessus.	9 »	7 »	5 »
		Frais de transport hors de leur résidence.			
id.	94 n° 1	Pour chaque myriamètre parcouru en allant et en revenant	2 50	2 50	2 50
id.	95 n° 1	Pour chaque jour de séjour forcé en route.	2 »	2 »	2 »
id.	96 n° 1	Pour chaque jour de séjour dans la ville où se fait l'instruction et qui n'est point celle de la rési-dence	4 »	2 50	2 »
		Sages-femmes.			
18 juin 1811	18	Pour chaque visite	3 »	2 »	2 »
id.	94 n° 2	Frais de transport hors de leur résidence.	1 50	1 50	1 50
id.	95 n° 2	Pour chaque myriamètre parcouru en allant et en revenant.	1 50	1 50	1 50
id.	96 n° 2	Pour chaque jour de séjour dans la ville qui n'est point celle de la résidence	3 »	2 »	1 50

23. Taxe à témoins entendus lors du jugement des affaires correctionnelles auxquels une indemnité peut être accordée.

Décrets	Articles	DÉSIGNATION DES PARTIES PRENANTES	ALLOCATIONS		
			Paris	Villes de	
				40.000 et au-dessus.	au-dessous de 40 000
18 juin 1811 et 7 avril 1813	27 2	1. *Témoin du sexe masculin* entendu dans le lieu de sa résidence ou dont la résidence n'est pas éloignée de plus d'un myriamètre. — Pour chaque jour que le témoin aura été détourné de son travail	2 f »	1 f50	1 f »
id.	28 2	2. *Témoin du sexe féminin*, ou enfant de l'un ou de l'autre sexe au-dessous de 15 ans entendu dans le lieu de sa résidence, ou dont la résidence n'est pas éloignée de plus d'un myriamètre. — Pour chaque jour	1 25	1 »	» 75
7 avril 1813 18 juin 1811 id.	2 95 96	3. *Témoin* qui s'est transporté à plus d'un myriamètre de sa résidence, mais dans son arrondissement. — Frais de voyage : Pour chaque myriamètre parcouru en allant et en venant. . . . . Pour chaque jour de séjour forcé en route. . . . . Pour chaque jour de séjour dans la ville où se fait l'instruction, et qui n'est pas sa résidence.	1 » 1 50 3 »	1 » 1 50 2 »	1 » 1 50 1 50
7 avril 1813 18 juin 1811 id.	2 95 96	4. *Témoin* qui s'est transporté à plus d'un myriamètre de sa résidence et hors de son arrondissement. — Pour chaque myriamètre parcouru en allant et en revenant. . . . . Pour chaque jour de séjour forcé en route . . . . Pour chaque jour de séjour dans la ville où se fait l'instruction, et qui n'est point celle de sa résidence.	1 50 1 50 3 »	1 50 1 50 2 »	1 50 1 50 1 50
7 avril 1813 et 18 juin 1811 7 avril 1813 18 juin 1813 id. id.	2 87 2 97 95 96 97	5. *Enfants mâles* au-dessous de l'âge de 15 ans et *filles* au-dessous de l'âge de 21 ans, lorsqu'ils se transportent à plus d'un myriamètre de leur résidence et qu'ils sont accompagnés. . . . . Pour chaque myriamètre parcouru, s'ils ne sortent pas de leur arrondissement. . . . . Pour chaque myriamètre parcouru, s'ils sortent de leur arrondissement . . . . Pour chaque jour de séjour forcé en route . . . . Pour chaque jour de séjour dans la ville où se fait l'instruction, et qui n'est pas celle de leur résidence	2 » 3 » 3 » 6 »	2 » 3 » 3 » 4 »	2 » 3 » 3 »
id. id.	31 96	6. *Militaires en activité de service* : Pour chaque jour de séjour forcé hors de leur garnison ou cantonnements, savoir : aux officiers de tous grades. . . . . aux sous-officiers et soldats.	3 » 1 50	2 » 1 »	1 50 » 75

Témoins.

1. Devant la juridiction correctionnelle, le droit de produire des témoins appartient au ministère public, à la partie civile et au prévenu.

2. Toutes personnes peuvent être témoins à l'exception de celles que la loi déclare incapables ou dispensées d'être entendues en justice sous la foi du serment.

3. Les causes d'incapacité absolues ou relatives sont les suivantes :

1° *L'incapacité légale,* résultant d'une condamnation antérieure, devenue définitive, non effacée par une amnistie ou une réhabilitation, à : 1° une peine afflictive perpétuelle (travaux forcés à perpétuité, déportation (art. 18 C. P., remplacé par l'art. 2 de la loi du 31 mai 1854 et 34 § du C. P.) ; — 2° la peine des travaux forcés à temps, de la réclusion ou du bannissement (art. 28 et 34 § 3 C. P.) ; — 3° à une peine, quelle qu'elle soit, à laquelle a été ajoutée l'interdiction prévue par l'art. 42, § 8, du C. P. (témoignage en justice).

2° *La présomption de partialité,* s'attachant aux liens qui unissent l'accusé et le témoin (art. 156 du Code d'inst. crim.). « **Les ascendants ou descendants de la personne prévenue, ses frères et sœurs, ou alliés en pareil degré, la femme ou son mari, même après le divorce prononcé, ne seront ni appelés, ni reçus en témoignage, sans néanmoins que l'audition des personnes ci-dessus désignées puisse opérer une nullité, lorsque, soit le ministère public, soit la partie civile, soit le prévenu ne se sont pas opposés à ce qu'ils soient entendus.** »

3° *L'incompatibilité,* qui peut exister entre les fonctions que remplit une personne dans le jugement d'une affaire et le rôle de témoin dans la même affaire. Ainsi, ne peuvent être témoins les magistrats, président, juges et ministère public, composant la chambre et le greffier d'audience.

4° *La minorité de quinze ans,* l'art. 79 du Code d'inst. crim. porte : « **Les enfants de l'un ou de l'autre sexe, au-dessous de l'âge de quinze ans, pourront être entendus, par forme de déclaration et sans prestation de serment.** » Mais le serment prêté par eux n'entraîne pas de nullité (Cass. 25 août 1853). Ils peuvent être admis au serment ou en être dispensés selon l'appréciation du président, suivant que ces enfants paraissent être plus ou moins en état d'apprécier l'importance du serment.

4. Par analogie, on peut considérer comme incapables d'être témoin les personnes atteintes d'infirmités intellectuelles assez graves pour leur enlever la connaissance de leurs devoirs comme témoins.

5. L'exclusion de ces personnes est une exception qu'il faut le moins possible appliquer. Il ne le faut jamais lorsqu'il ne s'agit que d'infirmités corporelles, telles que la surdi-mutité ou la cécité, par exemple.

6. Les articles 322 et 323 du Code d'inst. crim. qui déterminent les cas dans lesquels le témoignage des dénonciateurs est interdit, ou peut être reçu devant la cour d'assises, sont applicables aux matières correctionnelles. C'est ce qui résulte des motifs d'un arrêt de la Cour de cassation du 1er septembre 1852, fondé sur ce que le témoignage des dénonciateurs récompensés pécuniairement par la loi ne doit pas être moins suspect devant les tribunaux correctionnels que devant les cours d'assises.

Voici les textes des articles auxquels nous venons de faire allusion ; art. 322 du Code d'inst. crim. « **Ne pourront être reçues les dépositions des : 1o....., 2o....., 3o....., 4o....., 5o....., 6o....., des dénonciateurs dont la dénonciation est récompensée pécuniairement par la loi** ». Art. 323 du Code d'inst. crim. « **Les dénonciateurs autres que ceux récompensés pécuniairement par la loi pourront être entendus en témoignagne, mais le jury sera averti de leur qualité de dénonciateur...... »**

7. En l'absence de toute opposition, si le témoin reprochable a été entendu sous la foi du serment, il n'y a pas nullité (Cass. 29 juin 1854), ce témoin fut-il même incapable, à cause d'une condamnation criminelle. Il en est surtout ainsi lorsque la condamnation antérieure du témoin n'est pas connue ; en ce cas, « Error communis facit jus ».

8. Le même principe de l'erreur commune peut s'appliquer dans une situation inverse. Si un témoin est reproché et éliminé parcequ'on le croit, à tort, frappé d'une incapacité légale, il n'y a pas nullité ; mais si l'erreur est redressée avant la fin des débats, il y a lieu de faire déposer ce témoin sous la foi du serment.

9. Dans un autre ordre d'idées, certaines catégories de témoins ont la faculté de se dispenser de déposer en justice en se prévalant des dispositions de l'art. 378 C. P., sur le secret professionel.

10. Sont dans ce cas : « **Les médecins, chirurgiens et autres officiers de santé, ainsi que les pharmaciens, les sages-femmes, et toutes autres personnes, dépositaires, par état ou profession, des secrets qu'on leur confie...... »**

11. On doit décider, de même, à l'égard des prêtres, des avocats, des agréés, des notaires, des greffiers et commis-greffiers.

12. Les agents des postes ne rentrent pas dans la catégorie des personnes qui, en vertu de l'art. 378 du Code Pénal, peuvent n'être pas tenues de fournir leur témoignage à la justice. Ils sont obligés de révéler, s'ils sont appelés comme témoins, les faits dont ils ont pu avoir connaissance.

13. Par suite, lorsqu'un receveur des postes, cité comme témoin devant le tribunal correctionnel, refuse de répondre à une question posée par le Président, sur le point de savoir s'il a vu passer dans son bureau des numéros d'un journal désigné, c'est à bon droit qu'il est condamné, en vertu de l'art. 80 du Code d'inst. crim. (Cass. 14 mars 1885).

14. Les témoins, qui sont en droit d'invoquer le secret professionnel, doivent comparaître et prêter serment, sauf à déclarer que les devoirs de leur profession leur interdisent de déposer.

15. Le tribunal est juge de l'admissibilité de la cause de dispense. Si le témoin l'indique à tort, il doit déposer ; s'il ne le fait pas, le tribunal pourra lui appliquer les peines portées par la loi.

16. Les art. 510 à 517 du Code d'inst. crim. et le décret du 4 mai 1812 désignent les personnes qui, par leur rang ou par leurs fonctions, sont dispensées de comparaître comme témoins, et règlent le mode à suivre pour leur audition.

Lorsqu'une de ces personnes refuse de venir déposer, si les parties ne renoncent pas à son audition, le tribunal doit ordonner que la déposition sera reçue par écrit conformément aux lois.

17. Le témoin qui, régulièrement cité, ne comparaît pas, est condamné à l'amende sur un premier défaut, et peut être cité à nouveau si le tribunal le juge à propos.

Au cas d'un second défaut, la contrainte par corps peut être prononcée (V° audiences).

Ce témoin peut être déchargé de l'amende.

18. Dans le cas où un témoin produirait un certificat d'excuses, ce certificat n'est pas assujetti au timbre et à l'enregistrement, aux termes d'une décision ministérielle qui remonte au 7 nivôse, an VIII, renouvelée le 4 juillet 1820.

19. Le Président du tribunal peut se transporter, assisté du ministère public et du greffier, au domicile d'un témoin malade pour recevoir sa déposition, dont il est ensuite donné lecture à l'audience (12 nov. 1855).

20. Le témoin qui comparaît, mais qui refuse de prêter serment, est puni d'une amende qui ne peut excéder 100 francs.

21. La prestation de serment, nous l'avons dit déjà, est une condition substantielle du jugement et la formule de l'art. 155 est sacramentelle (Cass. 7 février 1885). Le jugement doit en indiquer les termes.

22. « **Les témoins,** porte l'art. 155 du Code d'inst. crim., **feront à l'audience, sous peine de nullité, le serment de dire toute la vérité, rien que la vérité.** »

23. La déposition doit être orale ; les témoins ne doivent pas se servir de notes, ni de memento, si ce n'est exceptionnellement, en cas de compte, d'expertises compliquées, en matière de faillite, lorsque la preuve du délit résulte d'une série de chiffres qu'il serait matériellement impossible de se rappeler et à la condition encore que ni le ministère public, ni le prévenu ne s'y opposent.

24. Les témoins seront entendus et non interrogés.

25. Le tribunal est tenu d'entendre les témoins cités par le ministère public, à moins qu'il ne regarde le fait comme constant, parce qu'il résulte d'un procès-verbal non débattu par la preuve contraire.

26. Mais les tribunaux correctionnels peuvent ordonner d'office l'audition de témoins non appelés par le ministère public ni par le prévenu. Ils peuvent aussi ordonner que ces témoins soient assignés à la requête du ministère public.

27. Le pouvoir discrétionnaire du président de la cour d'assises, qui lui confère le droit d'entendre toutes personnes sans serment, n'appartient pas aux présidents de tribunaux correctionnels.

28. De même, le juge de simple police ne peut pas appeler de témoins à l'audience et recevoir leurs déclarations, sans serment préalable, à titre de renseignements (Cass. 7 février 1885).

29. Dans toutes les juridictions criminelles, l'expert commis par le juge doit préalablement prêter le serment prescrit par l'art. 44 du code d'inst. crim., et si cet expert est ensuite appelé comme témoin pour rendre compte à l'audience des opérations auxquelles il s'est livré, il doit prêter le serment des témoins prescrit par l'art. 155 du même code (Cass. 22 janvier 1887).

30. Si le faux témoignage ne constitue qu'un délit, le tribunal peut, en vertu de l'art. 181 du code d'inst. crim., le réprimer séance tenante (Cass. 20 novembre 1868).

31. Dans ce cas, une instruction préalable étant jugée inutile, le témoin, dont la déposition paraît fausse, est mis en état d'arrestation, sa déposition est prise par écrit par le greffier. Puis, quand les débats sont clos et que le témoin ne peut plus se rétracter, le tribunal applique les dispositions de l'art. 362 du C. P.

32. Le faux témoignage qui se produit, en police correctionnelle, peut, comme en matière criminelle, être rétracté jusqu'à la clôture des débats (Cass. 23 février 1871).

Tentatives.

Appréciation, 6.	Définition, 1.	Énumération.
Caractère, 2, 3.	Délits, 4, 5.	

1. *La tentative comprend les actes par lesquels celui qui a résolu de commettre un crime ou un délit en commence l'exécution.*

2. Les art. 2 et 3 du code pénal sont ainsi conçus :

Art. 2 « **Toute tentative de crime qui aura été manifestée par un commencement d'exécution, si elle n'a été suspendue ou si elle n'a manqué son effet que par des circonstances indépendantes de la volonté de son auteur, est considérée comme le crime lui-même.** »

Art. 3 « **Les tentatives de délits ne sont considérées comme délits que dans les cas déterminés par une disposition spéciale de la loi.** »

3. Il y a donc deux conditions constitutives de la tentative :

1° Commencement d'exécution ;

2° Manque d'effet par des circonstances indépendantes de la volonté de son auteur.

Le commencement d'exécution doit, bien entendu, se rapporter directement au fait principal de la prévention.

4. L'art. 3 du code pénal n'est pas rédigé en termes généraux comme l'art. 2, et ne punit point les tentatives de toute espèce de délits comme l'art. 2 punit, en général, les tentatives de toute espèce de crimes.

5. Il n'est qu'un petit nombre de délits dont la tentative puisse être caractérisée et soit par conséquent punissable. Ils sont spécialement déterminés par la loi ; en voici la nomenclature :

Altération de vins et marchandises, art. 387 C. P.

Bris de scellés, art. 251 C. P.

Cessation de travail, art. 414, 415 C. P.

Concussion (au-dessous de 300 fr.) art. 174 C. P.

Contrefaçon de marques, art. 142 du code pénal ;

Corruption de fonctionnaires, art. 179 C. P.

Enlèvement de bornes, art. 389 C. P.

Escroquerie, art. 405 C. P.

Evasion de détenus, 241, 243 C. P.

Mendicité, vagabondage, avec violence, art. 279 du code pénal ;

Révélation de secrets de fabrication, art. 418 C. P.

Vol de récoltes, art. 388 C. P.

Vol simple, art. 401 C. P.

6. La loi n'ayant pas déterminé les faits constitutifs de la tentative, c'est au juge du fait qu'il appartient de prononcer souverainement sur le caractère de ces faits.

Timbre et enregistrement

1. Sans entrer dans les détails que peuvent comporter, au point de vue des actes de la police correctionnelle, les lois relatives au timbre et à l'enregistrement, nous croyons utile de donner ci-après quelques-unes des considérations contenues dans les circulaires ministérielles des 14 janvier 1863 et 14 août 1876.

2. Ce sont les lois de brumaire et de frimaire, an VII, qui règlent tout ce qui a trait au timbre et à l'enregistrement des actes judiciaires.

3. En matière correctionnelle, tous les actes qui précèdent l'ordonnance du renvoi ou la citation sont, lorsqu'il n'y a pas de partie civile, affranchis de la formalité du timbre et de l'enregistrement ; les actes qui suivent y sont soumis.

4. En matière de simple police, tous les actes de procédure doivent être timbrés et enregistrés.

5. En matière correctionnelle, sont, en conséquence affranchis du timbre et de l'enregistrement tous les actes et jugements quand il n'y a pas de partie civile en cause ; mais, y sont soumis les exploits signifiés par le ministère public dans les instances suivies devant les tribunaux correctionnels ; c'est ce qui résulte de la distinction indiquée ci-dessus, n° 3.

6. Néanmoins, doivent être observées les formalités du timbre et de l'enregistrement prescrites par des lois spéciales. Ainsi doivent être timbrés et enregistrés, quoique antérieurs à la citation, les procès-verbaux dressés en matière forestière, de chasse, etc.

7. Au surplus, et afin de présenter d'une manière complète les règles qu'il importe de connaître en cette matière, nous les indiquons dans un tableau qui est un résumé de celui établi par la chancellerie, en 1816.

8-9. Voir ces numéros, pages 150 et 151.

10. Les droits sont payés comptant et avancés par la partie poursuivante, sauf son recours contre le condamné, lorsque les procès-verbaux ont été dressés à la requête d'une partie civile ou d'une administration financière, agissant dans un intérêt propre ou dans celui des agents sous ses ordres. — Art. 74 de la loi du 25 mars 1817.

11. Lorsqu'il y a une partie civile en cause ou que l'affaire est poursuivie à la requête d'une administration agissant dans son intérêt propre ou celui de ses agents, tous les actes signifiés à la requête de ces diverses parties et le jugement doivent être sur timbre et enregistrés au comptant.

12. Les actes signifiés à la requête du prévenu et pour les besoins de sa défense doivent être visés pour timbre et enregistrés, à ses frais, au comptant. — Toutefois, aux termes de l'art. 30 de la loi du 22 janvier 1851, les présidents des tribunaux correctionnels peuvent, lorsque les prévenus leur en font la demande, en justifiant de leur indigence, ordonner l'assignation d'office des témoins dont la déposition leur paraît utile pour la manifestation de la vérité. — Dans ce cas, ces témoins sont assignés à la requête du ministère public : dès lors, exploits en débet.

13. L'acte d'appel et l'expédition doivent être sur papier libre, visés pour timbre et enregistrés en débet : 1° Lorsque le prévenu appelant est emprisonné, 2° lorsque le ministère public est appelant, sans partie civile en cause, 3° lorsque, malgré la présence en cause d'une partie civile, le ministère public remet au receveur des réquisitions expresses pour le timbre et l'enregistrement en débet.

14. L'acte d'appel et l'expédition doivent être sur papier timbré et enregistrés au comptant : 1° lorsque le prévenu appelant est en liberté ; 2° lorsqu'il y a une partie civile en cause (Circ. min. des 9 avril et 5 novembre 1861. — Inst. de l'enregistrement du 4 mars 1861).

8. Actes à timbrer et à enregistrer en matière correctionnelle.

		Mode de timbre et d'enregistrement
Procès-verbaux des	1. Gardes-champêtres des communes (art. 42 loi du 13 brum. an VII, art. 43 n° 16, de la loi du 28 avril 1816 et 74 de la loi du 25 mars 1817	En débet.
	2. Gardes-forestiers (art. 170, 188 et 189 de la loi du 22 mai 1827)	id.
	3. Gardes-pêche (art. 47 de la loi du 15 avril 1829)	id.
	4. Vérificateurs des poids et mesures (art. 42 de l'ordonnance du 17 avril 1839).	id.
	5. Agents-voyers et employés des ponts-et-chaussées (Décision min. du 16 frimaire, an XI) . . .	id.
	6. Tous les agents de l'autorité constatant des infractions aux règlements généraux d'impositions (art. 74 de la loi du 25 mars 1817). . . •	Au comptant (En matière de contr. ind., l'enregistrement, le timbre sont gratis, lorsque l'objet du procès-verbal, n'excède pas 100 f. C. dir. gén. 11 déc. 1828).
	7. De la gendarmerie (sous-officiers, brigadiers et gendarmes), toutes les fois qu'ils sont de nature à donner lieu à des poursuites judiciaires (491, 492 et 308, décret du 1er mars 1854). . . .	En débet.
	8. Des gardes-champêtres et forestiers des particuliers (art. 42 loi du 13 brumaire, an VII). . .	Au comptant.
	9. Tous les procès-verbaux constatant des délits et contraventions à la police des chemins de fer (art. 24 de la loi du 15 juillet 1845)	En débet.
	10. . . . . à la police des lignes télégraphiques (art. 11, décret du 27 décembre 1851) . . .	id.
	11. . . . . . à la police du roulage (art. 19 de la loi du 30 mai 1851)	id.
	12. Tous les procès-verbaux constatant des contraventions de simple police, de quelque agent qu'ils émanent (art. 74, loi du 25 mars 1817).	id.
Procédure correctionnelle	1. Tous les actes de poursuite devant la juridiction correctionnelle, à partir de l'ordonnance du juge d'instruction exclusivement (lorsqu'il y a eu information régulière),— citations de toutes sortes (art. 4 de l'ordonnance du 22 mai 1816 et circulaire du Garde des sceaux du 24 septembre 1823)	En débet.
	2. Les jugements des actes d'appel, les recours en cassation.	id.

9. Actes dispensés du timbre et de l'enregistrement.

Procès-verbaux	Les procès-verbaux des Procureurs de la République, de leurs substituts, des juges d'instruction, des juges de paix, des officiers de gendarmerie, des maires, des adjoints, des commissaires de police, lorsqu'ils n'y sont pas assujettis par la nature même des infractions constatées, lorsqu'ils ne concernent ni les matières fiscales, ni la police des chemins de fer, ni celles des lignes télégraphiques, ni celle du roulage, ni les contraventions de simple police. Les procès-verbaux de la gendarmerie (sous-officiers, brigadiers et gendarmes), lorsqu'ils contiennent de simples renseignements (art. 491, décret du 1er mars 1854). N. B. — En matière de police de la chasse, les procès-verbaux ne sont soumis à la double formalité que lorsque la qualité de l'agent rédacteur l'exige ; car la loi du 3 mai 1844 n'édicte, à cet égard, aucune prescription.
Procédure correctionnelle	Les notes d'audience (Décision ministérielle du 29 décembre 1852, et instruction du 12 février 1853, n° 1953). Les certificats d'excuse des témoins empêchés (Décision min. du 7 nivôse, an VIII et du 4 juillet 1820). Les décharges de pièces à conviction, émanées des particuliers, lorsqu'il n'y a pas partie civile en cause (Décision min. du 11 août 1820).

LOIS, DÉCRETS ET ORDONNANCES CITÉS DANS L'OUVRAGE

ARTICLES DU CODE D'INSTRUCTION CRIMINELLE CITÉS DANS L'OUVRAGE

Articles	Pages	Articles	Pages	Articles	Pages	Articles	Pages
1	69	154	121, 122	197	114	472	55
2	7, 8, 11	155	26, 146	199	20, 64	473	55
3	8, 9, 112	156	26, 143	202	20	474	55
5	10	157	25, 26, 55	203	20, 99	475	55, 58
6	105	158	25, 26	206	5	476	55, 58
9	15, 105	159	1, 26	208	82	477	55, 58
11	121	160	26	213	1	478	11, 55, 58
22	102, 105	161	26, 29	215	65, 70	479	55, 81
23	43	162	76	223	87	480	55, 81
47	10	165	114	226	54	481	55, 81
60	10	172	18	227	54	482	55, 81
66	43, 111	173	19	235	102	483	55, 81
67	112	174	18, 123	303	21	484	55
69	44	175	19	307	85	504	29
70	10	179	43	318	104	505	30
79	143	181	146	322	145	506	31
80	25, 145	182	6, 31	329	114	510-517	146
82	110	183	41, 78	332	27, 92	525	128
89	55	184	41	333	92	526	128
114	101	185	62	355	55	527	128
115	101	186	62	360	5	529	128
116	99	187	108	364	1	540	55, 127, 128
117	100	188	109	365	59	542-52	131
118	100	189	29, 69, 104, 120	373	54	600	82
120	55, 100	190	23, 26, 97, 112	378	145	634	128
121	100	191	1, 4, 5, 70	408	95	636	112
122	101	192	21, 46, 58	413	95	637	118
123	101	193	25, 47	416	20	638	115, 118
124	101	194	77	452	55	639	118
125	101	195	97	456	55	640	115, 118
132	28	196	98	460	88	642	118
135	82, 112			464	105		
153	112			471	55		

ARTICLES DU CODE PÉNAL CITÉS DANS L'OUVRAGE

Articles	Pages	Articles	Pages	Articles	Pages	Articles	Pages
1	58	69	68	197	89	362	146
2	146	74	132	213	73	364	44
3	146	86	89	218	51	380	73
5	10	89	89	226	85	388	89
9	88, 113	91	89	247	73	401	89
10	69	100	73	248	73	405	89
11	50, 113	108	73	265-266-267	116	406	89
24	66	109	89	307	85	407	106
32	57	112	89	314	51	410	51, 89
42	87, 113	113	89	321	73, 115	413	51
43	113	114	73, 83	322	73	423	12
45	16	116	73	324	73	426	51
46	16	123	89	325	73	427	51
48	106	135	74	326	115	428	51
51	70	138	73	327	72	438	10
55	138	160	107	328	64, 72, 115	441	74
57	125	171	89	335	73, 89	458	86
58	125	175	89	336	115	459	86
59	49	176	51	339	115	463	39
60	49	180	51	343	74	471	114
62	116	185	89	343	116	477	51
64	72	187	89	345	74	489	51
66	67, 74	190	51	354	116	518	85
68	68	196	135	356	10	520	85

ARTICLES DU CODE FORESTIER CITÉS DANS L'OUVRAGE

Articles	Pages	Articles	Pages	Articles	Pages	Articles	Pages
5	136	134	107	175	122	185	87, 117
31	107	165	13, 14	176	122	188	122
45	133	166	15	177	122	198	51
99	136	167	15	179	43, 87	203	40
117	136	171	43	182	124	206	133

ARTICLES DE PROCÉDURE CIVILE CITÉS DANS L'OUVRAGE

Articles	Pages	Articles	Pages	Articles	Pages	Articles	Pages
67	8	92	32	249	8	392	24
88	23	141	98	378	127	451	127
90	33	150	63	380	2	1033	108
91	30	173	41	384	127		

ARTICLES DU CODE CIVIL CITÉS DANS L'OUVRAGE

Articles	Pages	Articles	Pages	Articles	Pages	Articles	Pages
5	93	326	124	1382	69	1384	132
16	36	327	124	1383	69	2247	42

CONCORDANCE
DU CALENDRIER RÉPUBLICAIN AVEC LE CALENDRIER GRÉGORIEN

CONCORDANCE DES MOIS		CONCORDANCE DES ANNÉES	
1er vendemiaire	22 septembre.	an II	1793.
1er brumaire	22 octobre.	an III	1794.
1er frimaire	21 novembre.	an IV	1795.
1er nivôse	21 décembre.	an V	1796.
1er pluviôse	20 janvier.	an VI	1797.
1er ventôse	20 février.	an VII	1798.
1er germinal	22 mars.	an VIII	1799.
1er floréal	21 avril.	an IX	1800.
1er prairial	21 mai.	an X	1801.
1er messidor	20 juin.	an XI	1802.
1er thermidor	20 juillet.	an XII	1803.
1er fructidor	19 août.	an XIII	1804.
		an XIV	1805.

FÊTES LÉGALES

Le dimanche..............	Loi du 18 germinal, an X (Jour férié).
Ascension.................	Arrêté du 29 germinal, an X.
Assomption	id.
La Toussaint	id.
Noël.....................	id.
1er jour de l'an	Avis du conseil d'Etat du 13 mars 1810.
14 juillet.................	Loi du 6 juillet 1880.
Le lundi de Pâques	Loi du 8 mars 1886.
Le lundi de la Pentecôte...	id.

ERRATA

Page 4, n° 4, ligne 1re : *au lieu de* es, *lire* les.
Page 10, n° 14, ligne 2 : *au lieu de* 1884, *lire* 1844.
Page 12, n° 3, § 7 : *au lieu de* 4 février *lire* 23 janvier.
Page 13, n° 2, ligne 2 : *au lieu de* an VII, *lire* an VIII.
Page 13, n° 4, ligne 6 : *au lieu de* 10, *lire* 27.
Page 13, n° 4, ligne 8 : *au lieu de* 18, *lire* 16 *et* Déc. *au lieu de* loi.
Page 14, n° 9, ligne 4 : *au lieu de* 30, *lire* 3 mai.
Page 14, n° 11, ligne 7 : *au lieu de* 11, *lire* 15 juillet.
Page 16, n° 17, § 1er : *au lieu de* 92, *lire* 91.
Page 16, n° 17, § 2 : *au lieu de* 1er germ. *lire* 4 germinal.
Page 16, n° 17, § 3 : *au lieu de* XII, *lire* XIII.
Page 16, n° 17, § 4 : *au lieu de* C. P., *lire* C. F.
Page 20, n° 5, ligne 3 : *au lieu de* 416 inst. crim. *lire* 451 code de Proc. civ.
Page 31, n° 15, ligne 1re : *au lieu de* 182, *lire* 181.
Page 38, n° 10, § 2 : *supprimer* ; *après le mot* jugement.
Page 41, n° 1, ligne 1re : *au lieu de* donné, *lire* donnée.
Page 72, n° 3, § 3 : *placer* Il *après* C. P.
Page 77, n° 8, ligne 4 : *au lieu de* 9 mars, *lire* 8 thermidor.
Page 77, n° 15, ligne 3 : *au lieu de* prononcé, *lire* prononcée.
Page 80, n° 5, ligne 2 : *au lieu de* VII, *lire* VIII (an).
Page 81, n° 11, ligne 1re : *au lieu de* 10, *lire* 2 juillet.
Page 82, n° 9, ligne 1re : *au lieu de* 139, *lire* 189.
Page 89, n° 8, ligne 5 : *au lieu de* Seine, *lire* Peine.
Page 92, n° 11, ligne 2 : *au lieu de* 1821 *lire* 1811.
Page 106, n° 15, ligne 3 : *au lieu de* 18, *lire* 28, *et supprimer* 3e partie.
Page 106, n° 16, ligne 2 : *au lieu de* 7 février, *lire* 27 frimaire.
Page 111, n° 3, ligne 4 ; *au lieu de* se déclarent, *lire* le.
Page 112, n° 21, ligne 1 : *au lieu de* le non comparution, *lire* La.
Page 115, n° 4, ligne 3 : *au lieu de* pas *lire* par.
Page 117, n° 23, ligne 1 : *au lieu de* toute *lire* tout.
Page 122, n° 13, § 6, lignes 2, 3 : *au lieu de* 5 francs, *lire* 50 francs, *et au lieu de* 23, 24 *lire* 44, 47, 53, 54.
Page 122, n° 13, § 8 : *au lieu de* 1011, *lire* 1811.
Page 123, n° 15, § 11 : *au lieu de* X, *lire* IX.

TABLE DES MATIÈRES

Laval. — Imprimerie et Stéréotypie E. JAMIN.

www.ingramcontent.com/pod-product-compliance
Lightning Source LLC
Chambersburg PA
CBHW052049090426
42739CB00010B/2107